KB163388

생생 체험

현지 생활 일본어

저자 김해정

다락원

머리말

일본어 교육 현장에서 학생들을 만나다 보면 "그런데 이거 진짜 이렇게 써요?"라는 질문을 많이 받게 됩니다. 학생 입장에서는 문법책으로 수동이나 사역(使役) 혹은 전문(傳聞), 추측과 같은 어려운 내용을 배우다 보면 그 속의 일본어는 그저 예문일 뿐 실제로 일본인이 늘 사용하는 일본어라는 생각이 들지 않는 것 같습니다.

그래서 『생생 체험 현지 생활 일본어』는 일본의 생활을 체험할 수 있게, 일본인이 빈번하게 사용하는 살아있는 일본어를 엄선하여 실었습니다. 문법책에서 배운 문법과 문형이 활용된 표현을 이 책에서 다양하게 접하다 보면, 어려워 보이던 문법이 의외로 쉽게 이해되고, 짧은 표현으로도 충분히 의사소통이 가능하다는 것을 느낄 수 있습니다.

이 책은 활용도를 높이기 위해 인사말이나 사람 사귀기, 취미와 같은 상황별 표현은 물론 병원, 약국, 도서관, 학교, 회사 등 우리가 늘 이용하는 장소별 표현이 소개되어 있습니다. 따라서 자신에게 필요한 내용을 골라서 학습할 수 있습니다. 또한 휴대폰과 컴퓨터, SNS 등 우리의 생활과 뗄 수 없는 IT 기기 및 소셜미디어와 관련된 표현도 실려 있어 여러분의 랜선 생활에도 적극적으로 활용해 보시길 권합니다.

모든 외국어 공부는 재미있어야 하지만 그렇다고 왕도가 있는 것은 아닙니다. 관심을 갖고 꾸준히 읽고, 듣고, 쓰고, 말하는 것이 최선입니다. 이 책이 지루할 수도 있는 일본어 학습 과정에 단비가 되어 여러분의 일본어 실력이 초급에서 중상급으로 성장하는 가교 역할을 할 수 있다면 기쁘겠습니다.

마지막으로 이 책이 기획되어 출판되기까지 많은 아이디어를 주시고 조언과 지원을 아끼지 않으신 다락원 일본어출판부 여러분께 진심으로 감사의 말씀을 전합니다.

저자 김해정

이 책의 구성과 특징

『생생 체험 현지 생활 일본어』는 일본인의 일상이 그대로 보이는 살아있는 표현을 익힐 수 있습니다. 다양한 장면의 표현을 익히고, 상황에 맞는 표현을 골라서 학습할 수 있습니다. 저자의 꼼꼼한 음성 해설 강의, 일본인 전문 성우의 생생한 음원, 쓰기장으로 탄탄한 회화 실력을 쌓을 수 있습니다.

상단의 번호가 mp3 파일과
해설 강의 파일의 번호입니다.

0 0 6 날씨와 계절 ❶

A 날씨 좋다!

B 응, 기분 좋아.

주제와 관련된
회화를 제시하고,
간단한 해설을
실었습니다.

A いい天気だね！

B うん、気持ちいいね。

문장 맨 끝에 붙는 「～ね」를 종조사라고 합니다. 일본어의 종조사는 같은 문장이라도 다른 뜻으로 만드는 중요한 역할을 합니다. 「～ね」는 자신과 상대가 모두 알고 있는 사실에 대해서 가볍게 확인하거나 동의를 구할 때 씁니다. 그래서 자신의 이름이나 국적처럼 상대가 당연히 모르는 사실에 대해서는 「～ね」를 쓰지 않습니다.

天気 날씨 うん 응〈はい의 친근한 말〉 気持ちいい 기분 좋다

새 단어를 정리했습니다.

주제에서 확장된 표현을 5개씩 제시합니다.
일본 생활에 바탕을 둔 실용적인 표현을 담았습니다.

표현력 UP

💬 완연한 봄이네.

すっかり春だね。
はる

💬 따뜻하네요.

暖かいですね。
あたた

▶ 일상 회화에서는 「あったかい」로 발음하는 경우가 많습니다.

함께 알아 두면 좋은 문법, 어휘 등도 함께 다뤘습니다.

💬 바람이 시원해.

風が涼しいね。
かぜ　すず

▶ 음료수 등이 시원하다라고 할 때는 「冷たい(차갑다)」를 씁니다.
つめ

💬 기온이 올라갔네.

気温が上がったね。
き おん　あ

💬 아침과 낮의 기온차가 크다.

朝と昼の気温差が大きいね。
あさ　ひる　き おん さ　おお

すっかり 완전히　上がる 오르다, 올라가다　気温差 기온차

21

일러두기

▶ 일본어는 의문문에도 마침표(。)를 사용하지만 이해를 돕기 위해 이 책에서는 물음표를 혼용했습니다.

▶ 한자, 숫자, 알파벳에 요미가나를 달아 정확한 발음을 할 수 있게 했습니다.

무료 MP3 & 해설 강의 듣는 방법

다락원 홈페이지(www.darakwon.co.kr)에 접속하여 『생생 체험 현지 생활 일본어』를 검색하면 자료실에서 MP3 파일을 듣거나 다운로드 받을 수 있습니다. 간단한 회원 가입 절차가 필요합니다.

스마트폰으로 QR코드를 스캔하면 다락원 홈페이지로 이동해 회원 가입 절차 없이 바로 MP3 파일을 듣거나 다운로드 받을 수 있습니다.

또한 콜롬북스 어플리케이션에서도 MP3 파일을 들을 수 있습니다.

쓰기장

교재에 제시된 표현을 쓰면서 연습할 수 있도록 쓰기장 PDF 파일을 무료로 제공합니다. 다락원 홈페이지 또는 QR코드를 스캔하면 다운로드 받을 수 있습니다.

차례

PART 01

활기찬 생활

✳ 인사하기

안녕하세요

안녕. 내일 또 봐

잘 지내?

다녀오겠습니다

정말 죄송해요

✳ 날씨와 계절

날씨 좋다!

덥다!

흐리네

눈, 아직 와?

미세 먼지 확인해야지

0 0 1 인사하기 ❶

A おはようございます。

B おはよう。

「おはようございます」는 아침 인사로 점심 인사와 저녁 인사인 「こんにちは」나 「こんばんは」와 달리 유일하게 존경어가 있는 인사 표현입니다. 따라서 친밀한 사이에서는 「ございます」를 빼고 「おはよう」라고 할 수 있습니다. 또한 「こんにちは」와 「こんばんは」가 가족 간에 쓰지 않는 데 비해 「おはよう」는 가족끼리도 사용할 수 있다는 특징이 있습니다.

🗨 안녕하세요. <점심 인사>

こんにちは。

🗨 안녕하세요. <저녁 인사>

こんばんは。

🗨 안녕히 주무세요.

お休みなさい。
　　やす

🗨 잘 자.

お休み。
　　やす

🗨 잘 잤어?

よく眠れた？
　　　ねむ

▶ 「眠れる」는 「眠る」의 가능형입니다.
　　ねむ　　　　ねむ

休む 쉬다　**眠る** 자다

A 먼저 갈게. 또 봐.

B 안녕. 내일 또 봐.

A 先に帰るね。またね。

B バイバイ。また、あした。

「帰る」는 오로지 '집으로 가거나 오다'라고 할 때만 사용하고 일반적으로 이동할 때는 「行く(가다)」와 「来る(오다)」를 씁니다.

「また」는 '또'라는 뜻이지만 인사에서는 '또 보다'라는 의미입니다. 「また、あした」외에도 「また、来週(다음 주에 또 봐)」, 「また、今度(다음에 또 봐)」와 같이 쓰입니다.

先に 먼저　帰る 돌아가(오)다　バイバイ 안녕〈Bye-bye〉

💬 그럼, 또 보자.

じゃ、また。

▶ 「では、また」라고 하면 공손한 느낌이 듭니다.

💬 조심해서 가.

気をつけてね。
き

💬 그럼.

それじゃ。

▶ 「それでは」는 회화에서는 「それじゃ」로 쓰입니다.

💬 안녕.

さよ(う)なら。

▶ 이별할 때 쓰는 표현입니다.

💬 잘 있어.

元気でね。
げん き

▶ 오랫동안 헤어져 있게 될 때 사용하므로 매일 보는 사이에서는 쓰지 않습니다.

気をつける 조심하다, 주의하다　元気だ 잘 지내다, 건강하다

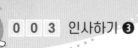

A 오래간만이야. 잘 지내?

B 응, 잘 지내.

A 久^{ひさ}しぶり。元気^{げんき}？

B うん、元気^{げんき}。

「久^{ひさ}しぶり」는 친근한 사이에 쓰이는 말로 정중하게는 「お久^{ひさ}しぶりです(오래간만입니다)」라고 합니다.

「元気^{げんき}？」는 상대의 안부를 묻는 표현으로 현재형뿐 아니라 「元気^{げんき}だった？(잘 지냈어?)」 혹은 「元気^{げんき}にしてる？(잘 지내고 있어?)」와 같이 과거형이나 「~ている」의 형태로도 쓸 수 있습니다.

💬 잘 지내시나요?

お元気ですか。

💬 덕분에 잘 지냅니다.

おかげさまで、元気です。

💬 최근에는 어때?

最近はどう？

💬 안 변했다(그대로야).

変わってないね。

💬 모두에게도 안부 전해 줘.

みんなにもよろしく。

▶ 뒤에 「伝えてください(전해 주세요)」가 생략된 형태로
  안부를 전해달라고 부탁할 때 사용하는 표현입니다.

おかげさまで 덕분에　変わる 변하다

A 行ってきます。

B 行ってらっしゃい。

「行ってきます」는 집을 나설 때 가족에게 건네는 인사말로 '가다'라는 의미의 「行く」와 '오다'라는 의미의 「くる」가 결합된 형태이며, 반말로는 「行ってくる(다녀올게)」라고 합니다. 그에 대한 대답인 「行ってらっしゃい」는 상하관계와 상관없이 쓸 수 있는 정형화된 인사 표현입니다.

💬 다녀왔습니다.

ただいま。

▶ 뒤에 「帰りました」가 생략된 형태로 집에 돌아왔을 때 사용하는 표현입니다.

💬 어서 오세요.

お帰りなさい。
　　かえ

▶ 귀가한 가족에게 건네는 인사말입니다. 손아랫사람에게는 「お帰り」라고 합니다.

💬 어서 오세요.

いらっしゃい。

▶ 집에 온 손님에게 건네는 인사말입니다.

💬 실례하겠습니다.

お邪魔します。
　　じゃ ま

▶ 다른 사람의 집을 방문했을 때 집 안으로 들어가면서 하는 인사말입니다.

💬 실례하겠습니다.

失礼します。
　しつれい

▶ 주로 공적인 장소를 방문할 때 쓰는 인사말입니다.

ただいま 방금, 막　お邪魔する 방문하다

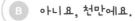

A どうもすいません。

B いえ、とんでもないです。

「すみません」은 회화에서는 발음이 더 편안한 「すいません」이라고 하는 경우가 많으며, 사과의 뜻도 나타내지만 상황에 따라서 고마움을 표현하거나 혹은 낯선 사람에게 말을 걸 때도 사용할 수 있습니다. 그에 비해 다른 사죄 표현인 「申し訳ない」나 「ごめんなさい」에는 오로지 사과의 뜻만 있습니다.

「とんでもない」는 사과에 대한 대답으로 상투적으로 사용하는 표현입니다.

とんでもない 당치도 않다, 천만에요

💬 죄송합니다.

申し訳ありません。
もう　わけ

▶ 정중하게 격식을 갖춰 사과할 때 쓰는 표현입니다.

💬 미안(해요).

ごめん(なさい)。

▶ 친근한 사이에서 쓰는 표현입니다.

💬 미안.

悪い。
わる

▶ 허물없고 친근한 사이에서 주로 남자가 쓰는 표현입니다.

💬 고마워(요).

ありがとう(ございます)。

💬 천만에요(별말씀을요).

どういたしまして。

▶ 고맙다는 인사에 대해 상투적으로 쓰이는 표현입니다.

A いい天気だね！

B うん、気持ちいいね。

문장 맨 끝에 붙는 「〜ね」를 종조사라고 합니다. 일본어의 종조사는 같은 문장이라도 다른 뜻으로 만드는 중요한 역할을 합니다. 「〜ね」는 자신과 상대가 모두 알고 있는 사실에 대해서 가볍게 확인하거나 동의를 구할 때 씁니다. 그래서 자신의 이름이나 국적처럼 상대가 당연히 모르는 사실에 대해서는 「〜ね」를 쓰지 않습니다.

天気 날씨   **うん** 응〈はい의 친근한 말〉   **気持ちいい** 기분 좋다

💬 완연한 봄이네.

すっかり春だね。
はる

💬 따뜻하네요.

暖かいですね。
あたた

▶ 일상 회화에서는 「あったかい」로 발음하는 경우가 많습니다.

💬 바람이 시원해.

風が涼しいね。
かぜ　　すず

▶ 음료수 등이 시원하다라고 할 때는 「冷たい(차갑다)」를 씁니다.
つめ

💬 기온이 올라갔네.

気温が上がったね。
き おん　　あ

💬 아침과 낮의 기온차가 크다.

朝と昼の気温差が大きいね。
あさ　　ひる　　き おん さ　　おお

すっかり 완전히　上がる 오르다, 올라가다　気温差 기온차

A 暑いね！

B ええ、昨日より暑いですね。

'덥다, 춥다'라고 말할 때 우리말은 날씨라는 단어를 같이 쓰기도 하지만 일본어로는 「暑い(덥다) / 寒い(춥다)」와 같이 단독으로만 표현합니다. 하지만 날씨가 좋거나 나쁘다고 할 때는 「天気がいい(날씨가 좋다) / 天気が悪い(날씨가 나쁘다)」라고 할 수 있습니다.

「ええ」는 「はい」와 같은 뜻인데 일상 회화에서 완곡하게 「ええ」를 쓰는 경우가 많습니다. 그리고 발음은 길게 장음으로 합니다.

昨日 어제 **～より** ~보다

💬 쌀쌀하네.

肌寒いよね。
はだ さむ

💬 햇볕이 따가워.

日差しが強いね。
ひ ざ　　　 つよ

💬 습도가 높아.

湿度が高い。
しつ ど　　 たか

💬 더위 먹은 것 같아.

夏バテしたみたい。
なつ

▶ 「夏バテ」는 「夏」와 「ばてる」가 합쳐진 말로, 「ばてる」는 '지치다, 녹초가 되다'라는 뜻입니다.
　　なつ　　　　　なつ

💬 열대야로 잠을 못 잤어.

熱帯夜で眠れなかった。
ねっ たい や　　 ねむ

日差し 햇볕, 햇살　夏バテ 여름 더위 때문에 피곤한 것　〜みたい 〜인 것 같다

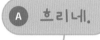

A 흐리네.

B 그래도 일기예보에서는 오후부터 맑대.

A 曇^{くも}ってる。

B でも、天気予報^{てんきよほう}では午後^{ごご}から晴^はれなんだって。

「曇^{くも}っている」는 직역하면 '흐려 있다' 즉 흐린 상태를 나타냅니다. 「〜ている(〜하고 있다/〜해져 있다)」는 동사의 진행뿐 아니라 상태도 나타내며, 회화에서는 「い」를 생략해서 「〜てる」의 형태로 자주 쓰입니다.
「〜って」는 친밀한 사이에서 정보를 전달할 때 사용합니다.

曇る (날씨가) 흐리다　でも 그럴지라도, 그래도　晴れ 맑음　〜って 〜래

24

💬 태풍이 온다는 것 같아.

台風が来るらしいよ。
たい ふう　　　く

💬 밖을 봐. 번개가 치고 있어.

外を見て。稲妻が走ってる。
そと　　み　　　　いな ずま　　はし

💬 끈끈해서 찝찝해.

じめじめして気持ち悪い。
き　も　　わる

💬 천둥이 쳤다.

雷 が鳴った。
かみなり　　　な

▶ 「鳴る」는 원래 '울리다'라는 뜻입니다.
な

💬 강한 바람이 부네요.

強い風ですね。
つよ　　かぜ

▶ 「風だ」, 「雨だ」는 명사만 써도 '바람이 분다', '비가 온다'라는 동사의 의미를 포함합니다.
かぜ　　あめ

〜らしい 〜인 것 같다　走る (쏜살같이) 지나가다, 달리다　じめじめ 습기가 많은 모양

25

A 눈, 아직 와?

B 응, 우산 필요해.

A 雪、まだ降ってる？

B うん、傘、要るよ。

일본어 동사의 기본형은 현재뿐 아니라 미래도 나타냅니다. 「降る」는 '눈, 비 등이 앞으로 올 것이다'라는 뜻이기 때문에 현재 내리고 있다고 하려면 항상 「～ている」의 형태로 써야 합니다.

종조사 「～よ」는 상대방이 모르는 것을 가르쳐 주거나 말하는 사람의 판단이나 주장을 강조할 때 씁니다. 따라서 너무 자주 쓰면 상대에게 부담을 줄 수 있고 손윗사람에게는 가급적 사용하지 않는 게 좋습니다.

まだ 아직 　降る (눈, 비 등이) 오다　要る 필요하다

💬 눈이 많이 쌓여 있어.

雪がたくさん積もっている。
ゆき　　　　　つ

💬 슬슬 그칠 것 같아.

そろそろ止みそうだね。
　　　　や

💬 소나기 맞았어.

にわか雨に降られた。
　　　あめ　　ふ

▶ 「降られる」는「降る」의 수동형입니다.

💬 무지개가 떴어.

虹が出てきたよ。
にじ　で

💬 다음 주부터 장마 시작이야.

来週から梅雨入りだね。
らいしゅう　　つゆ　い

▶ '장마가 끝나다'는「梅雨が明ける」라고 합니다.

積もる 쌓이다　そろそろ 슬슬　止む 그치다　～そうだ ～할 것 같다
梅雨入り 장마철에 들어감

27

A 外^でかけるの？

B うん。P M^{ピーエム} 2.5^{にてんご}、チェックしなくちゃ。

P M^{ピーエム}(Particulate Matter) 2.5^{にてんご}는 입자의 크기가 2.5㎛(마이크로미터) 이하인 먼지
를 가리킵니다.

「～なくちゃ」는 「～なくては」가 변한 말로, 「～なくちゃ」 뒤에는 「いけない」가
생략되어 '～하지 않으면 안 된다' 즉 '～해야 한다'는 뜻을 나타내는데 혼잣말처럼 쓰
이기도 합니다.

出かける 외출하다　**PM2.5** (초)미세 먼지　**チェックする** 체크하다

28

💬 오늘 미세먼지는 어때?

今日、ＰＭ２.５はどう？
きょう　　ピーエム　にてんご

💬 마스크 해야지.

マスクをしなきゃ。

▶ 「〜なきゃ」는 「〜なければ」의 축약형으로
「〜なくちゃ」와 마찬가지로 혼잣말처럼 쓸 수 있습니다.

💬 꽃가루가 많이 날리고 있어.

花粉がたくさん飛んでるね。
か ふん　　　　　　　　と

💬 황사가 심하다.

ひどい黄砂だね。
こう さ

💬 안개 때문에 앞이 잘 안 보여.

霧で前がよく見えない。
きり　まえ　　　　み

▶ 조사 「〜で」는 원인이나 이유를 나타내기도 합니다.

飛ぶ 날다　見える 보이다

PART 02

스마트한 생활

✳ 컴퓨터
PC에 빠삭하구나
혹시 파워포인트 할 수 있어?
복사해서 붙여넣기를 하면 돼

✳ 스마트폰
전원이 꺼져 있었어
프사 셀카야?
읽씹당했네

✳ SNS와 인터넷
인스타그램을 하고 있어요
'좋아요' 많이 받았네
게임 방송해
아무리 구글 검색해도 안 나와

A　パソコンに詳<ruby>しい<rt>くわ</rt></ruby>ね。

B　そんなことないよ。

「パソコン」은 「パーソナル・コンピューター(PC)」의 줄임말로 데스크탑 컴퓨터
를 의미합니다. 노트북은 「ノートパソコン」 혹은 「ラップトップ(laptop)」라고
합니다.
「そんなことない」는 직역하면 '그런 것은 없다'이지만 칭찬을 들었을 때 겸손하게
'그렇지 않아'라는 의미로 쓰이는 표현입니다.

〜に詳しい 〜에 정통하다, 〜에 대해 잘 알다

💬 PC가 또 멈춰 버렸어.

パソコンがまた固まっちゃった。

▶ 「～ちゃう(~해 버리다)」는 「～てしまう」의 구어체 표현입니다.

💬 전원을 다시 켜 봐.

電源を入れ直してみて。

▶ 「동사의 ます형+直す」는 '다시 ~하다'라는 뜻입니다.

💬 압축을 풀어 봐.

圧縮を解凍してみて。

💬 출력할 수 있나요?

プリントアウトできますか。

💬 복사기에 종이가 걸렸어요.

コピー機に紙が詰まってしまったんです。

固まる 멈추다, 굳다   解凍する (파일 등을) 풀다, 해동하다   詰まる 막히다

A　もしかしてパワーポイント、できる？

B　僕、けっこう得意。

「する(하다)」의 가능동사 「できる(할 수 있다)」는 「パワーポイントができる(파워포인트를 할 수 있다)」와 같이 조사 「が」를 목적격 조사로 사용하지만 회화에서는 조사가 생략된 형태로 자주 쓰입니다.

「得意だ」는 '잘하다'라는 뜻의 「な형용사」인데 비슷한 의미의 「上手だ」가 상대방에 대해 쓰는 표현이라면, 「得意だ」는 자신에 대해 말할 때 쓰는 표현입니다.

もしかして 혹시　僕 나〈남자의 자칭〉　けっこう 꽤, 상당히

💬 엑셀이랑 워드는 깔려 있나요?

エクセルやワードは入っていますか。

💬 오피스를 깔아야 해.

オフィスをインストールしなくちゃ。

▶ 「インストールする」 대신 「入れる」를 쓰기도 합니다.

💬 무료로 소프트웨어를 다운로드 받을 수 있어.

無料でソフトをダウンロードできるよ。

💬 파일을 변환할 수 있나요?

ファイルを変換できますか。

💬 실은 나, 컴맹이야.

実は僕、パソコン音痴なんだ。

▶ 「パソコン音痴」와 비슷한 표현으로는
「方向音痴(방향치)」, 「機械音痴(기계치)」 등이 있습니다.

入る 들어가다, 포함되다   変換する 변환하다   音痴 특정한 감각이 둔함

A これ、ちょっと教えて。

B こうやってコピペすればいいんだよ。

「コピペする」는 「コピー・アンド・ペースト(copy and paste : 복사와 붙여넣기)」를 줄인 말입니다. 일반적인 표현으로 「コピーして張り付ければいいんだよ」와 같이 말해도 됩니다.

コピーする 복사하다 　**張り付ける** 붙여넣다

💬 저장하는 거 깜박했어.

保存するの、うっかりしてた。
ほ ぞん

💬 파일이 안 열려.

ファイルが開かない。
ひら

💬 바이러스에 감염된 건지도 몰라.

ウイルスに感染したのかも。
かん せん

▶ 「〜かも知れない(〜일지도 모른다)」는 회화에서는 「知れない」가 생략된 형태로 자주 쓰입니다.
し　　　　　　　　　　　　　　　　　　　　　　　　　し

💬 파일이 날아갔어.

ファイルが飛んでる。
と

💬 백업해 놔.

バックアップしておいてね。

保存する 저장하다　**うっかりする** 깜박 잊다　**開く** 열리다　**飛ぶ** 날다, 날아가(오)다
〜ておく 〜해 두다

A 왜 전화 안 받아?

B 미안. 휴대폰 전원이 꺼져 있었어.

なん でん わ で
A 何で電話に出ないのよ。

でんげん き
B ごめん。ケータイの電源が切れてたんだ。

「ケータイ」는「携帯電話(휴대전화)」의 줄임말입니다. 스마트폰은「スマートフ
ォン」혹은「スマートホン」이라고 하는데, 줄여서는「スマホ」라고만 합니다.
「電源が切れる」는 '전원이 꺼지다'라는 뜻이고,「電源を切る」는 '전원을 끄다'라
는 뜻입니다.

何で 왜, 어째서 **電話に出る** 전화를 받다

💬 전화 오잖아.

電話、鳴ってるよ。
でんわ　な

▶ 「電話が鳴る」는 직역하면 '전화가 울리다'입니다.
でんわ　な

💬 충전해야 돼.

充電、しなきゃ。
じゅうでん

▶ 「～なきゃ(~해야지, ~해야 돼)」는 「～なければ」의 축약형입니다.

💬 보조 배터리 (갖고) 있어?

モバイルバッテリー、持ってる？
も

💬 다른 거 하면서 스마트폰 하지 마.

「ながらスマホ」はやめて。

▶ 무언가 다른 일을 하면서 스마트폰을 조작하는 것을 「ながらスマホ」라고 합니다.

💬 통신비 장난이 아니야.

通信費、半端じゃないな。
つうしんひ　はんぱ

▶ 「半端じゃない」는 분량이 많거나 정도가 심하다는 뜻입니다.
はんぱ

鳴る 울리다, 소리가 나다　持つ 가지다, 들다　やめる 그만두다　半端 어중간함

A 라인 프사 셀카야?

B 응. 잘 나왔지?

A LINE のアイコン、自撮り？

B うん。よく写ってるでしょ。

일본인이 가장 많이 이용하는 커뮤니케이션 앱은 LINE(ライン)입니다. '라인을 보내다'는「LINEを送る」, '라인이 왔다'는「LINEが来た」라고 합니다. 일본어로 프로필 사진은「アイコン」혹은「プロフィール画像」를 줄여서「プロフ画像」라고 합니다.
「自撮り」는「自分撮り」의 줄임말로 직역하면 '스스로 찍기' 즉 셀카라는 뜻이고, 다른 사람이 찍어 주거나 그런 사진은「他人撮り」를 줄여서「他撮り」라고 합니다.

写る 찍히다

💬 영상 통화하자.

テレビ電話しよう。
（でんわ）

💬 보호 필름 붙이는 게 좋아.

保護フィルム貼った方がいいよ。
（ほご）（は）（ほう）

💬 액정이 깨져서 터치해도 반응을 안 해.

液晶が割れて、タッチしても反応しないんだ。
（えきしょう）（わ）（はんのう）

💬 스마트폰을 무음으로 해 주세요.

スマホをマナーモードにしてください。

💬 무선 이어폰 굉장히 편하다.

ワイヤレスイヤホンってすごく便利だね。
（べんり）

貼る 붙이다　割れる 깨지다　ワイヤレス 와이어레스〈wireless〉, 무선
〜って 〜라는 것은, 〜란

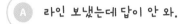

라인 보냈는데 답이 안 와.

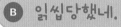

읽씹당했네.

A　LINE送ったけど、返信が来ないよ。

B　既読スルーされたね。

「既読スルー」는「既に読んだ(이미 읽었다)」를 줄인「既読」와 영어「through(스루)」가 합쳐진 말입니다. 메시지를 읽고도 무시하는 것을「既読スルーする(읽씹하다)」라고 하고 반대로 그러한 일을 당할 때는「既読スルーされる(읽씹당하다)」라고 합니다. 참고로 '읽지도 않고 무시하다'는「未読スルーする」라고 합니다.

返信 답(장)

💬 메시지가 읽지 않음으로 되어 있어.

メッセージが未読になっている。
み　どく

💬 라인으로 연락해 볼까?

ラインで連絡してみようか。
れん らく

💬 라인 차단했어.

ライン、ブロックした。

💬 답이 늦어서 미안.

亀レスでごめん。
かめ

▶ 「亀」는 '거북이', 「レス」는 '레스폰스(response)'의 줄임말입니다.
즉 「亀レス」는 늦은 답변을 말하는데 주로 SNS나 채팅에서 쓰입니다.
かめ

💬 나중에 문자 할게.

後でメールするね。
あと

▶ 「メール」는 문자와 전자 메일 두 가지 뜻이 있습니다.

未読 읽지 않음　ブロックする 차단하다

Ⓐ SNS, 해요?

Ⓑ 인스타그램을 하고 있어요.

A エスエヌエス
   ＳＮＳ、やってますか。

B インスタをやっています。

「する」와 「やる」는 모두 '하다'라는 뜻인데 「やる」가 좀 더 격이 없고 단독으로 쓰이는 데 비해 「する」는 「勉強する(공부하다)」, 「運動する(운동하다)」와 같이 「명사＋する」의 형태로 쓰이거나 「びっくりする(깜짝 놀라다)」, 「ゆっくりする(푹 쉬다)」와 같이 관용적인 형태로 많이 쓰입니다.
「インスタ」는 「インスタグラム(인스타그램)」의 줄임말입니다.

～とか ～らんだか

💬 SNS 계정 있어?

ＳＮＳのアカウント、持ってる？
エス エヌ エス　　　　　　　　　も

💬 SNS 업데이트 안 하고 있네.

ＳＮＳの更新してないね。
エス エヌ エス　　こうしん

▶ 「更新」은 업데이트의 의미로 쓰입니다.

💬 계정을 정지당했어.

アカウントを停止されちゃった。
　　　　　　　　　　てい　し

💬 트위터의 리트윗 수가 늘고 있어.

ツイッターのリツイート数が伸びてる。
　　　　　　　　　　　　すう　　の

💬 해시태그 붙이는 법을 잘 모르겠어.

ハッシュタグの付け方がよく分からない。
　　　　　　　　つ　かた　　　　わ

▶ 「동사의 ます형 + 方」는 '～하는 방법'이라는 뜻입니다.

更新 경신, 갱신　**伸びる** 늘다　**分かる** 알다, 이해하다

A 이 사진 봐. 어제 올렸어.

B '좋아요' 많이 받았네.

A この写真、見て。昨日、上げた。

B 「いいね」たくさんもらってるね。

인터넷에 '사진이나 글을 올리다'라는 의미로 쓸 수 있는 동사는 「上げる(올리다) / 投稿する(투고하다) / 載せる(싣다) / アップする(업로드하다)」 등이 있습니다. '좋아요를 누르다'는 「いいね(を)する」, '좋아요를 받다'는 「いいねをもらう」라고 합니다.

💬 팔로우해 줘.

フォローしてね。

💬 맞팔하자.

相互フォローしよう。
そう ご

💬 댓글이 많이 달려 있어.

コメントがたくさんついている。

▶ '댓글을 달다'는 「コメントをつける」라고 합니다.

💬 악성 댓글은 안 읽어.

悪口のコメントは読まない。
わるくち　　　　　　　　　　　よ

▶ 「悪口」 자체가 악성 댓글이라는 뜻으로 쓰이기도 하고
　「アンチコメント(anticomment)」라고도 합니다.

💬 이 동영상 악성 댓글로 난리났어.

この動画、炎上してるよ。
　　どう が　　えんじょう

▶ 악플이 폭발하는 경우를 비유적으로 「炎上する」라고 합니다.
　　　　　　　　　　　　　　　　　　　　　　えんじょう

相互 상호　つく 붙다　悪口 욕　動画 동영상　炎上する 불타오르다

A 나 게임 방송해.

B 굉장하다! 조회 수는 많아?

A 僕、ゲームを配信してるんだ。

B すごい！ 再生回数は多いの？

각종 스트리밍 서비스에 개인적으로 동영상을 올려서 내보내는 것을 「配信する」라고 합니다. 우리말로는 개인이 올리는 동영상에도 방송이라는 용어를 쓰지만 일본어로는 개인이 올리는 콘텐츠에 대해서 「放送(방송)」라는 말을 사용하지 않습니다. 따라서 개인이 하는 생방송도 「生配信」 혹은 「ライブ配信」이라고 합니다.

配信 기업이나 개인이 인터넷을 이용해 동영상·정보 등을 송신하는 것
再生 재생　回数 횟수

💬 유튜버가 되고 싶어요.

ユーチューバーになりたいです。

💬 좋아요와 구독을 눌러 주세요.

「いいね」と「チャンネル登録」お願いします。
とうろく ねが

💬 구독자 늘었으면 좋겠어.

登録者、増えるといいな。
とうろくしゃ　　ふ

💬 섬네일 보고 클릭했어.

サムネを見てクリックした。
み

▶ 「サムネ」는 「サムネイル(thumbnail)」 혹은 「サムネール」의 줄임말입니다.

💬 자막을 달아 주세요.

字幕をつけてください。
じ まく

チャンネル 채널　登録 등록　増える 늘다, 증가하다　つける 달다, 붙이다

A 아무리 구글 검색해도 안 나와.

B SNS에서 검색 해 보면 어때?

A いくらググっても出^でてこないね。

B エスエヌエス けんさく
SNSで検索してみたら。

일본의 대표적인 검색 엔진은 「グーグル(구글)」이에요. 「ググる」는 「グーグルで
調^{しら}べる(구글에서 조사하다)」를 줄여서 만든 조어인데 인터넷으로 어떤 정보를 찾
다라는 의미로 쓰입니다. '검색하다'라는 단어는 「検索^{けんさく}する」도 있습니다.

いくら〜ても 아무리 〜해도   出^でてくる 나오다   〜たら 〜하면

💬 인터넷으로 찾아보자.

ネットで調べよう。

▶ 「ネット」는 「インターネット」의 줄임말입니다.

💬 인터넷이 안 돼.

インターネットがつながらない。

💬 와이파이가 끊긴 것 같아.

ワイファイが切れたみたい。

💬 일본어 공부에 도움 되는 앱 알아?

日本語の勉強に役立つアプリ、知ってる？

▶ 「アプリ」는 「アプリケーション」의 줄임말입니다.

💬 이 사진 공유해도 돼?

この写真、シェアしてもいい？

つながる 연결되다　切れる 끊어지다　～みたい ～인 것 같다　役立つ 도움이 되다

PART 03

유행 따라잡기

✳ 패션

지금 유행하고 있어

✳ 미용

또 귀 뚫었어?
깨끗하게 못 지우니까 좀 그래
이미지 변신이라면 역시 머리 모양을 바꾸는 거지
짧게 잘라 주세요

✳ 화장

화장 완벽한데
여드름이 생겨 버렸어
이 로션 산뜻해서 기분이 좋아

✳ 다이어트와 건강

살쪄서 큰일이야
살 많이 빠졌다

A 이거 어때? 지금 유행하고 있어.

B 나한테는 너무 화려해.

A これどう？ 今、流行ってるよ。

B 私には派手すぎるよ。

'유행하다'는 「流行する」도 있지만 일상적으로는 「流行る」를 많이 씁니다. 「동사의 ます형」을 써서 「流行りのファッション(유행하는 패션)」, 「流行りのメイク(유행하는 화장법)」와 같은 표현도 자주 볼 수 있습니다.

派手だ 화려하다   ～すぎる 지나치게 ～하다

💬 멋지네요.

おしゃれですね。

▶ 「おしゃれする」라고 하면 '멋부리다'라는 동사가 됩니다.

💬 저거 촌스럽지 않아?

あれ、ださくない？

💬 멋진 디자인이네요.

素敵なデザインですね。

す　てき

💬 색깔이 수수하네요.

色が地味ですね。

いろ　　　じみ

💬 유행은 별로 신경 안 쓰는 편이에요.

流行はあまり気にしない方です。

りゅうこう　　　　　　き　　　　　　ほう

おしゃれだ 멋을 부리다, 모양을 내다　ださい 촌스럽다　素敵だ 멋지다
地味だ 수수하다　気にする 신경쓰다

A 또 귀 뚫었어?

B 귀여운 귀걸이 찾았단 말이야.

A またピアス開けたの？
あ

B かわいいピアス見つけたんだから。
み

원래「ピアス(pierced earrings)」는 귓불에 구멍을 뚫어서 사용하는 장신구라는 뜻이지만 일본에서는 귀 뚫는 귀걸이를 가리킵니다. 귀를 안 뚫는 귀걸이는「イヤリング」라고 구별해서 씁니다.「ピアスを開ける」라고 하면 대개는 '귀를 뚫다'라는 의미로 사용하고, 귀 외에는「へそにピアスを開ける(배꼽에 피어싱하다)」처럼 뚫는 부위를 말하면 됩니다.

見つける 발견하다, 찾아내다

💬 악세서리 하는 걸 아주 좋아해.

アクセサリーをつけるのが大好き。
だい す

▶ 「つける」 대신 「する」도 쓸 수 있습니다.

💬 그 손톱, 어디서 했어?

そのネイル、どこでやってもらったの？

💬 일주일에 한 번은 마사지를 받아.

１週間に１度はマッサージを受けている。
いっしゅうかん　いち ど　　　　　　　　　　　　　 う

💬 여름에는 제모를 해.

夏は毛を剃ってる。
なつ け そ

💬 왁싱한 적 있어?

ワックス脱毛したことある？
だつ もう

▶ 일본어의 「脱毛」에는 '털을 제거하다'라는 뜻도 있습니다.
だつもう

毛を剃る 털을 깎다　**脱毛** 제모, 탈모

A 타투를 해 보고 싶어.

B 문신말이야? 깨끗하게 못 지우니까 좀 그래.

A タトゥーを入れてみたいの。

B 入れ墨か。きれいに消せないからどうかな。

「どうか」는 어떤 문장에서 쓰이냐에 따라 다양한 뜻이 있습니다. 「どうか助けて ください(아무쪼록 도와주세요)」는 부탁의 의미이고, 「どうかしたんですか(무슨 일 있나요?)」는 평상시와 다른 모습을 나타냅니다. 회화에 쓰인 「どうか」는 상대방의 말에 대해 잘 모르겠다 라는 의문의 기분을 나타내는 말로 쓰였습니다.

タトゥーを入れる 타투를 새기다   **入れ墨** 문신   **消す** 지우다

💬 성형을 하고 싶어.

美容整形がしたい。
びようせいけい

💬 같이 보톡스 맞지 않을래?

一緒にボトックス打たない？
いっしょ　　　　　　　　　う

💬 쌍꺼풀 수술을 했어.

二重まぶたの手術をした。
ふた　え　　　　　　　しゅじゅつ

💬 지금의 자연스러운 얼굴이 좋아.

今の自然な顔がいいよ。
いま　　しぜん　かお

💬 부작용도 잘 생각해.

副作用のこともきちんと考えてね。
ふくさよう　　　　　　　　　　かんが

打つ 맞다　自然だ 자연스럽다　きちんと 정확히

A 이미지 변신하고 싶은데 뭘 하면 좋을까?

B 이미지 변신이라면 역시 머리 모양을 바꾸는 거지.

A **イメチェンしたいけど、何をしたらいいと思う？**

B **イメチェンなら、やっぱり髪型変えることだね。**

「イメチェン」은 「イメージチェンジ」의 줄임말로 말 그대로 이미지 변신이라는 뜻입니다. 그런데 이 말은 영어권에서는 통용되지 않는 일본에서만 쓰는 영어식 표현으로 일본어로는 이런 말을 「和製英語」라고 합니다. 즉 우리말의 콩글리쉬와 같은 개념이라고 생각하면 됩니다. 우리가 흔히 쓰는 「電子レンジ(전자레인지)」나 「カンニング(컨닝)」도 「和製英語」이면서 콩글리쉬라고 할 수 있습니다.

～なら ～라면 　髪型 머리 모양　変える 바꾸다

💬 가발을 써보는 게 어때?

かつらをかぶってみたらどう？

💬 눈썹을 다듬어 봐.

眉毛を整えてみて。
まゆ げ　　　ととの

💬 빨강으로 염색했어.

赤に染めたの。
あか　　そ

💬 가끔 안경을 쓰곤 해.

たまに眼鏡をかけたりするの。
め がね

💬 앞머리 내리는 게 귀여워.

前髪下ろした方がかわいいよ。
まえ がみ お　　　　　　ほう

かぶる 쓰다　整える 정돈하다　染める 염색하다　たまに 가끔, 드물게
眼鏡をかける 안경을 쓰다　下ろす 내리다

61

A 어떤 스타일로 할까요?

B 짧게 잘라 주세요.

A どんなスタイルにいたしましょうか。

B 短^{みじか}めに切^きってください。

「短^{みじか}めに」는 '조금 짧은 듯하게, 짤막하게'라는 뜻입니다. 「~め」는 형용사의 어간에 붙어 '비교적 ~듯하다'라는 뜻을 나타냅니다. 반대로 긴듯하게는 「長^{なが}め」라고 합니다.

미용실은 「美容室^{びようしつ}」라고 하고 「美容院^{びよういん}(미용원) / ヘアサロン(헤어 살롱)」이라고도 합니다. 이발소는 「理髪店^{りはってん}」 혹은 「床屋^{とこや}」라고 합니다. 미용사는 「美容師^{びようし}」이고, 일상회화나 친근하게 부를 때는 뒤에 「~さん」을 붙여서 「美容師^{びようし}さん」이라고 합니다.

いたす 하다〈する의 겸양동사〉 切る 자르다

💬 어깨까지 길이로 해 주세요.

肩までの長さにしてください。
かた　　　　　なが

💬 상한 부분만 잘라 주세요.

痛んだ部分だけ切ってください。
いた　　　ぶぶん　　き

💬 가르마는 왼쪽으로 해 주세요.

分け目は左の方にしてください。
わ　め　　ひだり　ほう

▶ 오른쪽은 「右」입니다.
みぎ

💬 파마를 약하게 해 주세요.

パーマをゆるくかけてください。

💬 이 모델처럼 하고 싶은데요.

このモデルさんみたいにしたいんですが。

長さ 길이　**痛む** 손상되다, 망가지다　**〜だけ** 〜뿐, 〜만　**パーマをかける** 파마를 하다
ゆるい 느슨하다

> **A** 화장 완벽한데.

> **B** 지금부터 데이트거든.

A お化粧、ばっちりだね。

B 今からデートなの。

「ばっちり」는 빈틈없이 완벽한 모양을 나타냅니다. 상황에 따라 다양한 해석이 가능한데 회화문의 경우라면 화장이 아주 멋지게 잘 되었다는 의미입니다. 또 다른 예로 시험 잘 봤냐는 질문에 「ばっちり」라고 하면 '시험을 아주 잘 봤다'라는 뜻이고, 일은 어떻게 됐냐는 질문에 「ばっちり」라고 하면 아주 잘 끝났다는 의미가 됩니다.

ばっちり 빈틈없이 완벽한 모양

💬 화장이 잘 받는구나.

お化粧ののりがいいね。
けしょう

▶ '잘 안 받는다'는 「のりが悪い」라고 합니다.
わる

💬 화장이 진하지 않아?

化粧が濃くない？
けしょう こ

▶ '연하다'는 「薄い」라고 합니다.
うす

💬 피부(가) 매끈매끈하다.

お肌つるつるだね。
はだ

▶ 피부는 「皮膚」라는 말도 있지만 일상적으로는 「肌」라고 합니다.
ひ ふ   はだ

💬 피부가 좋네.

お肌がきれいだね。
はだ

▶ 피부가 좋다고 할 때는 '깨끗하다'라는 뜻의 「きれいだ」를 씁니다.

💬 탄력이 있어서 좋네요.

はりがあっていいですね。

のり 분·물감 등이 묻는 정도　濃い 진하다　つるつる 매끈매끈, 반들반들
はり 당김, 탄력

A 여드름이 생겨 버렸어.

B 제대로 화장 지우고 있어?

A にきびができちゃった。

B ちゃんとメイク<ruby>落<rt>おと</rt></ruby>しているの？

「する」의 가능 동사인 「できる」는 '~할 수 있다, 가능하다'라는 뜻 외에 회화문과 같이 '없던 것이 생기다'라는 뜻도 있습니다. 또한 「<ruby>ご飯<rt>はん</rt></ruby>ができた(밥이 다 됐다)」와 같이 '완성되다, 다 되다'라는 뜻으로도 쓰입니다.

ちゃんと 제대로, 확실히 **メイクを落す** 화장을 지우다

66

💬 여드름, 짜면 안 돼.

にきび、つぶしちゃだめ。

💬 피부 트러블로 고민하고 있어.

肌トラブルで悩んでる。
はだ　　　　　　　なや

💬 T존이 번들거려요.

Ｔゾーンが油っぽくなるんです。
ティー　　　　あぶら

💬 피부가 거칠거칠해.

肌がかさかさしている。
はだ

💬 눈가의 주름이 신경쓰여요.

目元のしわが気になります。
め もと　　　　　き

▶ 입가는 「口元」라고 합니다.
くちもと

つぶす 찌부러뜨리다, 짜다　悩む 고민하다　油っぽい 번들거리다
かさかさ 거칠거칠, 푸석푸석　気になる 신경쓰이다

A 이 로션 산뜻해서 기분이 좋아.

B 응, 여름에 딱이네.

A この乳液、さっぱりしてて気持ちいいね。

B うん、夏にぴったりだね。

「気持ち」와 「気分」은 모두 '기분'으로 해석되지만, 「気持ち」가 주로 외부 자극에 대해 표현하는 단어인데 비해 「気分」은 내면의 정신적인 기분을 말합니다. 예를 들어 날씨가 좋아서 기분이 좋을 때는 「気持ちいい」라고 하지만 시험 등에 합격해서 기분이 좋을 때는 「気分がいい」라고 합니다.

さっぱりする 산뜻하다　**ぴったり** 딱 적당함, 알맞음

💬 미백 화장품 뭔가 좋은 거 있어?

美白のコスメ、何かいいものある？
びはく　　　　　　　なに

▶ 「コスメ」는 「コスメティック(cosmetic)」의 줄임말입니다.

💬 화장품이 피부에 안 맞는 거 같아.

化粧品が肌に合わないみたい。
けしょうひん　はだ　あ

💬 건성 피부예요.

乾燥肌です。
かんそうはだ

▶ 지성피부는 「オイリー肌」, 복합성 피부는 「複合肌」라고 합니다.
　　　　　　　　　はだ　　　　　　　　　　　ふくごうはだ

💬 맨얼굴이 편하고 좋아.

すっぴんが楽でいい。
らく

💬 입술이 잘 터서 언제나 립크림을 발라.

唇 がよく荒れるんで、いつもリップクリー
くちびる　　あ
ムを塗ってる。
ぬ

▶ 「～んで」는 「～ので」의 회화체적인 표현입니다.

肌に合う 피부에 맞다　すっぴん 맨얼굴　楽だ 편하다　荒れる 거칠어지다, 트다
塗る 바르다

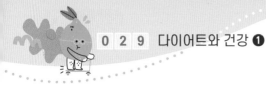

A 살쪄서 큰일이야.

B 조깅이라도 하면 어때?

A 太_{ふと}ってきて大変_{たいへん}。

B ジョギングでもしたら。

「〜てくる」는 '〜(동작을) 하고 오다'라는 뜻도 있지만 '〜하기 시작하다'라는 의미로 어떠한 상태가 변화하기 시작한 것을 나타내기도 합니다. 그리고 일본어로 '뚱뚱하다'는 살이 찐 상태를 의미하기 때문에 항상 「太_{ふと}っている」라고 합니다.

「〜たらどう?(〜하는 게 어때?)」는 상대에게 권유나 충고를 할 때 쓰는데 친한 사이에서는 「〜たら」만 쓰기도 합니다.

太る 살이 찌다 大変だ 큰일이다 〜でも 〜라도

💬 몸무게가 늘었어.

体重が増えた。
たいじゅう　　ふ

💬 군살이 붙지 않게 하고 있어.

ぜい肉がつかないようにしている。
にく

💬 아랫배가 불룩하게 나왔어.

下腹がぽっこり出た。
したはら　　　　　で

▶ 「下腹」는 강조해서 「下っ腹」라고도 합니다.
した はら　　　　　　　した　ばら

💬 다이어트해야 해.

ダイエットしなきゃ。

💬 요요가 생겨서 오히려 살이 쪘어.

リバウンドしてむしろ太っちゃった。
ふと

増える 늘다, 증가하다　**ぜい肉** 군살　**つく** 붙다　**ぽっこり** 불룩 솟아 있는 모양
リバウンド 다이어트를 중단했을 때 나타나는 체중 증가　**むしろ** 오히려

A ずいぶん痩せたね。

B よく言われる。

「ずいぶん(꽤, 몹시)」은 '생각 보다', '보통 정도를 넘은' 모습을 나타냅니다.
「言われる」는 「言う(말하다)」의 수동형으로 직역하면 '(다른 사람에 의해) 그렇게 말하여 진다'라는 의미지만 '(남에게) 그런 소리를 듣는다'로 해석하는 것이 자연스럽습니다.

痩せる 살이 빠지다, 마르다

💬 올해 목표는 금연과 다이어트야.

今年の目標は禁煙とダイエットなんだ。
ことし　　もくひょう　　きんえん

💬 전자 담배를 피우고 있어.

電子タバコを吸っている。
でん し　　　　　　す

💬 헬스장에 다녀.

ジムに通っている。
　　　　　かよ

💬 매일 스트레칭하고 있어요.

毎日ストレッチしています。
まい にち

💬 근력 운동 같은 거 열심히 하고 있어.

筋トレとか頑張ってる。
きん　　　　　がん ば

▶ 「筋トレ」는 「筋力トレーニング」의 줄임말입니다.
　　きん　　　　　　きんりょく

吸う 피우다　ジム 짐〈gym〉, 헬스장　通う 다니다　頑張る 노력하다

PART 04

쇼핑하기

* 백화점
세일해도 너무 비싸
그냥 보는 거예요
이건 어떠세요?
하나 큰 사이즈로 바꿔 주시겠어요?
그걸로 하면 어때?
몇 개월 할부로 하시겠습니까?

* 마트
오늘은 고기가 싸고 좋네

* 인터넷 쇼핑
이 사이트 정말 가성비 갑이야

A 지금 백화점에서 세일하고 있어. 쇼핑 안 갈래?

B 세일해도 너무 비싸.

A 今、デパートでセールしてるよ。
　買い物に行かない？

B セールしても高すぎるよ。

쇼핑의 영어식 표현인 「ショッピング」는 「ショッピング・モール(쇼핑몰)」, 「ショッピング・スポット(쇼핑 명소)」처럼 주로 표기할 때 쓰이고 일상적으로 쇼핑은 「買い物」라고 합니다. '쇼핑 가다'는 「買い物に行く」라고 하고 '쇼핑하다'는 「買い物する」라고 합니다.

「〜すぎる」는 형용사의 어간이나 「동사의 ます형」에 붙어 '지나치게 ～하다'라는 뜻을 나타냅니다. 또 「食べすぎ(과식)」, 「飲みすぎ(과음)」, 「遊びすぎ(너무 많이 놂)」와 같이 「〜すぎ」의 형태로 명사처럼 쓰이기도 합니다.

セールする 세일하다　**買い物に行く** 쇼핑가다　**高い** 비싸다

💬 여름 원피스를 사고 싶어.

夏物のワンピースが買いたいな。
なつもの　　　　　　　　　か

💬 이거 예전부터 쭉 갖고 싶었어.

これ、前からずっとほしかったんだ。
まえ

💬 쇼핑 잘하네.

買い物上手だね。
か　　ものじょうず

▶ 좋은 물건을 싸게 잘 사는 사람에게 하는 말이에요.

💬 생일 선물, 뭐 갖고 싶어?

誕生日プレゼント、何がほしい？
たんじょうび　　　　　　　　　なに

▶ 「ほしい」 앞에서는 조사 「が」를 씁니다.

💬 또 사 버렸어.

また、買っちゃった。
か

夏物 여름옷　ずっと 쭉, 줄곧　ほしい 갖고 싶다, 원하다　買う 사다

A 뭐 찾으시는 거 있으세요?

B 그냥 보는 거예요.

A 何かお探^{さが}しですか。

A 何^{なに}かお探^{さが}しですか。

B ちょっと見^みているだけです。

우리말로는 물건을 찾기 전과 찾은 후 모두 '찾다'라고 하지만 일본어로는 물건이 눈에 보이지 않는 단계에서 찾을 때는 「探す」를 물건을 찾은 후에는 '발견하다'라는 뜻의 「見つける」를 써서 「見つけた」라고 표현합니다.

「ちょっと」는 양이 적을 때도 사용하지만 어떤 상황을 딱 잘라 표현하기 어려울 때 쓰는 우리말의 '그냥, 좀'과 같은 의미로도 씁니다.

探す 찾다　〜だけ 〜뿐, 〜만

78

💬 저거를 보여 주세요.

あれを見せてください。
み

💬 이거랑 색이 다른 게 있나요?

これと色違いはありますか。
いろ ちが

💬 다른 디자인은 없나요?

他のデザインはありませんか。
ほか

💬 어떤 디자인이 좋으세요?

どのようなデザインがほしいですか。

💬 이게 제일 잘 팔리는 상품이에요.

これが一番売れている商品です。
いち ばん う   しょうひん

見せる 보여주다   色違い 모양이나 치수는 같으나 색만 다른 것   売れる 팔리다

A 이건 어떠세요?

B 입어 봐도 될까요?

A これなんかはいかがですか。

B 試^{ため}してみてもいいですか。

「いかが」は「どう」の 공손한 말로 「~なんかいかがですか(~같은 건 어떠세요?)」는 한 가지를 예로 들어 무언가를 권유할 때 사용하는 말입니다.
「試^{ため}す」는 '시험하다'라는 뜻인데 쇼핑할 때 뭔가 입어 보거나 신어 본다는 의미로 폭넓게 사용됩니다.

なんか 등, 따위 いかが 어떠심〈どう의 존경어〉 試す 시험하다

💬 이건 좀 (마음에 안 들어요)…

これはちょっと…

💬 천천히 살펴보세요.

どうぞごゆっくりご覧ください。

▶ 「ご」는 미화어로 정중하게 표현할 때 사용합니다.

💬 입어 보시는 건 한 분 3점까지입니다.

ご試着は、お一人様３点限りとなっています。

▶ 「～となっている」는 '～하게 되어 있다'라는 뜻으로 규칙이나 규율을 설명할 때 쓰는 표현입니다.

💬 죄송하지만 품절이네요.

申し訳ございませんが、売り切れになっています。

💬 다른 걸 보여 드릴까요?

別の物をお見せしましょうか。

▶ 「お+동사의 ます형+する」는 동사의 겸양표현입니다.

試着 입어 봄, 시착   **～限り** ～까지, ～만   **売り切れ** 품절

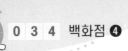

A 하나 큰 사이즈로 바꿔 주시겠어요?

B 네. 잠시만 기다려 주세요.

A ひとつ大^{おお}きいサイズに取^とり替^かえてもらえますか。

B はい。少々^{しょうしょう}お待^まちください。

「～てもらえませんか(もらえますか)」나「～ていただけませんか(いただけますか)」는 부탁할 때 쓰는 표현입니다. 덧붙이자면 이러한 표현법은 기본적으로 상대방의 행동이 나에게 이득이 될 때 쓰기 때문에 식당이나 상점 등에서 서비스를 부탁할 때 쓰는 표현으로 익혀두면 좋습니다.

「お+동사의 ます형+ください(~해 주세요)」는 정중한 의뢰나 권유를 할 때 쓰는 표현입니다.

取り替える (다른 것으로) 바꾸다, 갈다 **少々** 조금, 약간

💬 좀 끼는데요.

ちょっときついんですが。

💬 사이즈가 안 맞는데요.

サイズが合わないんですけど。
あ

💬 좀 더 큰 편이 나은가?

もう少し大きい方がいいかな。
すこ　　おお　　　ほう

💬 나중에 다시 올게요.

また後で来ます。
あと　　き

💬 좀 생각해 볼게요.

ちょっと考えさせてください。
かんが

▶ 「考えさせる」는 「考える」의 사역형입니다.
　　かんが　　　　　　かんが

きつい 꼭 끼다　合う 맞다　考える 생각하다

A 어때? 어울려?

B 잘 어울려. 그걸로 하면 어때?

A どう？似合ってる？

B よく似合ってるよ。それにしたら？

지시대명사 「これ(이것) / それ(그것) / あれ(저것)」는 물건의 위치에 따라 결정됩니다. 나와 가까운 것은 「これ」, 나와는 멀고 상대방과 가까운 것은 「それ」, 나와 상대방 모두에게 먼 것은 「あれ」라고 합니다.
「〜にする(〜로 하다)」는 선택이나 결정을 할 때 쓰는 표현으로 식당에서 음식을 정할 때도 자주 쓰입니다.

似合う 잘 어울리다

💬 그 바지 딱이다.

そのパンツ、ぴったりだね。

💬 이 셔츠는 청바지랑은 안 어울리네.

このシャツはジーパンとは似合わないね。
に あ

▶ 「ジーパン」은 「ジーンズパンツ」의 줄임말입니다.

💬 역시 제일 처음 걸로 할래.

やっぱり最初のものにする。
さい しょ

💬 충동구매 해 버렸어.

衝動買いしちゃった。
しょうどう が

💬 바가지 썼어.

ぼったくられた。

▶ 「ぼったくられる」는 「ぼったくる」의 수동형입니다.

パンツ 바지 ぴったり 꼭 맞는 모양 ジーパン 청바지 衝動買い 충동구매
ぼったくる 바가지 씌우다

A 할부는 가능한가요?

B 네, 몇 개월 할부로 하시겠습니까?

A 分割払いはできますか。
<small>ぶんかつばら</small>

B はい、何回払いにされますか。
<small>なんかいばら</small>

「何回払い」는 '몇 개월 할부'라는 뜻입니다. 우리는 할부의 개념으로 '~개월'을 사용하지만, 일본에서는 지불 횟수를 사용합니다.

「される」는 「する」의 수동형으로, 일본어의 수동형은 가벼운 존경의 뜻도 있습니다.

分割払い 할부

💬 계산은 어느 쪽인가요?

お支払いはどちらですか。

し はら

💬 전부해서 얼마인가요?

全部でいくらですか。

ぜん ぶ

💬 환불받을 수 있을까요?

払い戻していただけませんか。

はら もど

💬 저기, 계산 틀렸는데요.

あのう、計算、違ってるんですけど。

けい さん ちが

💬 영수증 주실래요?

領収書をいただけますか。

りょうしゅうしょ

支払い 지불, 지급 払い戻す 환불하다 違う 틀리다, 다르다

A 오늘은 고기가 싸고 좋네.

B 그럼 고기 코너부터 가 보자.

A 今日はお肉がお買い得だね。

B じゃ、お肉コーナーから行ってみよう。

「お買(い)得」는 홍보용 전단지(チラシ)에서 흔히 볼 수 있는 표현으로 말 그대로
사는 게 이득이라는 뜻이기도 하고, 싸고 좋은 물건 그 자체를 가리키기도 합니다.
예를 들어 「お買得セール(알뜰 세일)」, 「お買得セット(실속 세트)」, 「お買得ツア
ー(실속 여행)」와 같이 쓰이고 상황에 따라 다양하게 해석됩니다.

買い得 싸게 사서 득을 봄

💬 마트에 장보러 가자.

マートへ買い物に行こう。
かもの い

💬 백화점 지하에서 뭔가 사자.

デパ地下で何か買おう。
ちか なん か

▶ 「デパ地下」는 「デパートの地下街」의 줄임말로
백화점 지하 1층에 있는 식료품 코너를 가리킵니다.

💬 카트 갖고 와.

カート取ってきて。
と

💬 1키로에 얼마에요?

１キロでいくらですか。
いち

💬 이거, 유통 기한 얼마 안 남았어.

これ、賞味期限ぎりぎりだね。
しょうみ き げん

取る 가져오다　ぎりぎり 빠듯함

A 인터넷에서 쇼핑하고 있어?

B 이 사이트 정말 가성비 갑이야.

A ネットで買い物してる？

B このサイト、ほんとコスパ高いよ。

인터넷 쇼핑은 「オンラインショッピング / ネットショッピング / ネット通販」 등으로 표현합니다. 「通販」은 「通信販売(통신 판매)」의 줄임말입니다.
「コスパ」는 「コスト・パフォーマンス(cost performance)」의 줄임말로 '비용대비 효과'라는 뜻인데 쉬운 말로 가성비라고 할 수 있습니다. '가성비가 좋다'는 「コスパが高い」 혹은 「コスパがいい」라고 합니다.

買い物する 쇼핑하다　**ほんと** 정말〈=本当〉

💬 대체로 후기를 보고 나서 사.

大体レビューを見てから買う。
だいたい　　　　　　　　　　　　　み　　　　　　　　か

💬 배송도 빠르고 반품도 무료야.

配送も早いし、返品も無料だよ。
はいそう　　　はや　　　　　へんぴん　　むりょう

💬 인터넷 중고 거래에서 사기 당했어.

ネットの中古取引で詐欺にあったんだ。
ちゅうことりひき　　さぎ

▶「〜にあう」는 '(사기나 사고 등) 좋지 않은 일을 당하다'라는 뜻입니다.

💬 직구로 샀어.

個人輸入で買った。
こじんゆにゅう　　か

▶ 직구는 일본어로「個人輸入(개인 수입)」혹은「海外通販(해외 통판)」이라고 합니다.
こじんゆにゅう　　　　　　　　　　かいがいつうはん

💬 해외 배송은 통관에 시간이 걸려.

海外配送は通関に時間がかかるよ。
かいがいはいそう　　つうかん　　じかん

大体 대체로, 대강　レビュー 리뷰〈review〉　取引 거래　かかる 걸리다

PART 05

편의시설

✳ 편의점
봉투는 이용하시나요?
성인 인증을 해 주세요

✳ 약국
감기약 주세요
이 약은 알레르기에 잘 들어요

✳ 병원
어떻게 오셨어요?
엑스레이를 찍을 거니까 잠시만 기다리세요

✳ 은행
계좌를 만들고 싶은데요
카드 비밀번호, 뭐였더라

✳ 우체국
우선 무게를 재 주세요
언제쯤 도착하나요?

✳ 세탁소
이거 드라이클리닝해 주세요

✳ 도서관
책을 빌리려면 어떻게 하면 되나요?

A 봉투는 이용하시나요?

B 아니요, 됐어요.

A 袋はご利用ですか。

B いいえ、結構です。

「お(ご)+동작성 명사+です」는 '~하십니다'라는 뜻의 존경 표현입니다.
「結構(괜찮음, 이제 됐음)」는 「いいえ」나 「いえ」, 「いや」와 같이 부정의 뜻을 나타내는 말과 함께 쓰면 사양하거나 거절의 의미를 나타냅니다. 위의 대화에서 만약 봉투가 필요하다면 「はい、お願いします」라고 하면 됩니다.
참고로 편의점은 「コンビニエンスストア」를 줄여서 「コンビニ」라고 합니다.

💬 1600엔입니다.

1600円でございます。
せんろっぴゃく えん

▶ 「〜でございます」는 「〜です」보다 정중한 표현입니다.

💬 2000엔 받았습니다.

2000円お預かりいたします。
にせん　えん　あず

▶ 「お+동사의 ます형+いたす」는 겸양표현입니다.

💬 거스름돈 320엔 돌려드리겠습니다.

お釣り320円お返しします。
つ　さんびゃくにじゅうえん　かえ

▶ 「お+동사의 ます형+する」는 겸양표현입니다.

💬 봉투를 나누어 담을까요?

袋をお分けしますか。
ふくろ　わ

▶ 일본 편의점에서는 음식과 음식이 아닌 것을
따로 나누어 담아주기 때문에 이렇게 묻는 경우가 있습니다.

💬 나누어 넣어 주세요.

分けて入れてください。
わ　い

預かる (남의 물건 등을) 맡다, 보관하다　いたす 하다〈する의 겸양어〉
お釣り 거스름돈　返す 돌려주다　分ける 나누다　入れる 넣다

A 4번 담배를 하나 주세요.

B 성인 인증을 해 주세요.

A 　　よんばん　　　　　ひと
　４番のタバコを一つください。

B 　ねんれいかくにん　　　　ねが
　年齢確認をお願いします。

일본의 편의점에서 담배를 살 때는 담배의 종류가 많기 때문에 담배의 이름이 아니라 진열된 담배에 부여된 번호로 말하는 게 좋습니다. 또 편의점에서 술이나 담배를 살 때는 성인 인증이 필요한데 단말기에 「20歳以上ですか(20세 이상인가요?)」라는 문구가 뜨면 「はい」를 터치하면 됩니다.

タバコ 담배　**年齢確認** 연령 확인〈성인 인증〉

💬 도시락을 데울까요?

お弁当を温めますか。
べんとう　　　あたた

▶ 일본 편의점에서는 점원이 도시락을 전자레인지에 데워줍니다.

💬 젓가락을 드릴까요?

お箸をお付けしますか。
はし　　　つ

💬 빨대를 받을 수 있나요?

ストローをもらえますか。

💬 택배를 부탁하고 싶은데요.

宅配便をお願いしたいんですが。
たく はい びん　　　ねが

💬 전기세를 카드로 낼 수 있나요?

電気代をカードで支払えますか。
でん き だい　　　　　　　　し はら

温める 데우다　付ける 붙이다　もらう 받다　宅配便 택배　支払う 지불하다

A 감기약 주세요.

B 처방전은 가지고 계신가요?

A 風邪薬^{かぜ くすり}ください。

B 処方箋^{しょほうせん}はお持^もちですか。

약은 「薬^{くすり}」지만 앞에 「風邪^{かぜ}」라는 명사가 접속되면 「風邪薬^{かぜ くすり}」로 뒤의 명사가 탁음화되는 연탁(連濁) 현상이 나타납니다. 「割^わり(나눔)」와 「箸^{はし}(젓가락)」가 합쳐진 「割^わり箸^{ばし}(나무젓가락)」나 「ゴミ(쓰레기)」와 「箱^{はこ}(상자)」가 합쳐진 「ゴミ箱^{ばこ}(쓰레기통)」등도 연탁 현상이 일어난 단어입니다.

「お+동사의 ます형+です」는 '~하시다, ~이시다'라는 존경표현입니다.

処方箋 처방전 　**持つ** 들다, 가지다

💬 기침약을 주세요.

咳止めをください。
せき ど

▶「～止め」는 약 이름을 표현하는데 「痛み止め(진통제)」, 「下痢止め(설사약)」 등과 같이 씁니다.
ど   いた ど   げ り ど

💬 손가락을 베었어요.

指を切ってしまいました。
ゆび   き

💬 연고와 일회용 반창고를 주세요.

軟膏と絆創膏をください。
なん こう   ばん そう こう

💬 알레르기로 코가 가려워요.

アレルギーで鼻がかゆいです。
はな

💬 안구건조증이 심해요.

ドライアイがひどいです。

切る 베다 **軟膏** 연고 **絆創膏** 일회용 반창고 **かゆい** 가렵다
ドライアイ 안구건조증 **ひどい** 심하다

A 이 약은 알레르기에 잘 들어요.

B 약을 먹으면 졸리거나 하지 않나요?

A この薬はアレルギーによく効きます。

B 薬を飲んだら、眠くなったりしませんか。

'약이 효과가 있다, 잘 들다'라고 할 때는 「～に効く」라는 표현을 씁니다. 증상에 따라 「アレルギー」 대신 「頭痛(두통)」, 「目眩(어지럼증)」, 「胃炎(위염)」 등의 단어로 바꾸어 활용할 수 있습니다.

'약을 먹다'는 관용적으로 「薬を飲む」라고 합니다.

効く 듣다, 효과가 있다　**眠い** 졸리다

💬 복용하고 있는 약은 있나요?

服用している薬はありますか。
ふくよう　　　　　　　　くすり

💬 이 약은 식전에 드세요.

この薬は食前に飲んでください。
くすり　しょくぜん　　の

▶ 식후는 「食後」입니다.
しょくご

💬 약은 하루 세 번 한 알씩 드세요.

薬は1日3回1錠ずつ飲んでください。
くすり　いちにちさんかいいちじょう　　　　の

💬 연고는 2시간 간격으로 발라 주세요.

軟膏は2時間おきに塗ってください。
なんこう　　にじかん　　ぬ

💬 2~3일 지나도 안 나으면 병원에 가세요.

2～3日たっても治らなかったら、病院へ
に　さんにち　　　　なお　　　　　びょういん
行ってください。
い

~錠 ~정, ~알　~ずつ ~씩　~おき ~간격, ~걸러　塗る 바르다
たつ 지나다, 경과하다　治る 낫다

A 어떻게 오셨어요?

B 감기에 걸린 것 같아요.

A どうしましたか。

B 風邪を引いたみたいです。

「どうしましたか」는 직역하면 '어떻게 했습니까'이지만 의사가 환자의 증상을 물을 때 쓰는 상투적인 표현입니다. 혹은 「どこが悪いですか(어디가 불편한가요?)」라고도 합니다.

일본어로 의사는 「お医者さん」이라고 하고 직접 부를 때는 「先生(선생님)」라고 합니다.

風邪を引く 감기에 걸리다 　~みたい ~인 것 같다

102

💬 몸이 안 좋아요(컨디션이 안 좋아요).

具合が悪いんです。
ぐ あい　　わる

▶ 「具合」 대신 「体調(몸의 상태)」도 쓸 수 있습니다.

💬 속이 울렁거려요(속이 안 좋아요).

気持ち悪いです。
き も　　わる

💬 배탈이 난 것 같아요.

お腹を壊したみたいです。
なか　　こわ

💬 목이 아프고 콧물도 납니다.

喉が痛くて、鼻水も出ます。
のど　　いた　　　　　はな みず　　で

💬 발목을 삐었어요.

足首を捻挫しました。
あし くび　　ねん ざ

具合 상태　**お腹を壊す** 배탈이 나다　**喉** 인후, 목구멍　**捻挫する** 삐다

A 엑스레이를 찍을 거니까 잠시만 기다리세요.

B 얼마나 기다려야 하지요?

A レントゲンを撮るので、しばらく待ってください。

B どれくらい待ちますか。

'엑스레이를 찍다'는 「レントゲンを撮る」라고 합니다. 또 엑스레이를 찍을 때 자주 쓰는 표현으로 「息を吸ってください(숨을 들이쉬세요)」, 「息を止めてください(숨을 참아 주세요)」, 「息を吐いてください(숨을 내쉬세요)」 등이 있습니다.

しばらく 잠시   待つ 기다리다   吸う (공기를) 들이마시다   止める 멈추다, 세우다
吐く 토하다, 내뱉다

💬 혈압을 재겠습니다.

血圧を測ります。
けつ あつ　　はか

💬 독감 백신을 맞으세요.

インフルエンザのワクチンを打ってください。
う

💬 사랑니를 뽑는 게 좋을 것 같아요.

親知らずを抜いた方がよさそうです。
おや し　　　ぬ　　ほう

💬 인공눈물을 넣어 주세요.

人工涙液を差してください。
じん こう るい えき　　さ

▶ '안약을 넣다'라는 표현은 동사 「差す」를 씁니다.
さ

💬 건강검진은 받고 있나요?

健康診断は受けていますか。
けん こう しん だん　　う

測る 재다　ワクチン 백신　打つ 맞다　親知らず 사랑니　抜く 뽑다
～そうだ ～할 것 같다　差す 넣다　健康診断 건강검진

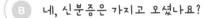

> **A** 계좌를 만들고 싶은데요.

> **B** 네, 신분증은 가지고 오셨나요?

A 口座を作りたいんですが。

B はい、身分証明書はお持ちですか。

「～んですが」는 상대방에게 설명을 기대할 때 쓸 수 있습니다. 즉 「作りたいんですが」는 '만들고 싶은데 어떻게 하면 좋을까요?'라는 의미입니다. 여기에서 쓰인 「～が」는 '～인데, ～지만'이라는 뜻으로 단정적으로 말하는 것을 피하고 완곡하게 표현하기 위해서 쓰였는데 좀 더 친근하게는 「～けど」도 쓸 수 있습니다. 계좌를 만들 때 「作る」「開く(열다)」「解説する(개설하다)」도 쓸 수 있습니다.

口座 계좌 **身分証明書** 신분증

💬 우선 번호표를 뽑아 주세요.

まず番号札をお取りください。
ばんごうふだ　　　　と

💬 보통 예금으로 해 주세요.

普通預金でお願いします。
ふつうよきん　　ねが

💬 체크 카드도 만들어 주세요.

デビットカードも作ってください。
つく

▶ '신용 카드'는 「クレジットカード」라고 합니다.

💬 온라인 뱅킹을 신청하고 싶은데요.

オンラインバンキングを申し込みたいん
もう　　こ
ですが。

▶ 「オンラインバンキング」 대신 「ネットバンキング」도 쓸 수 있습니다.

💬 전기세를 자동 이체로 하고 싶은데요.

電気代を自動振り込みにしたいですが。
でんきだい　　じどうふ　こ

取る 뽑다　申し込む 신청하다　振り込み 이체

A 어? 카드 비밀번호, 뭐였더라.

B 변경하시겠어요?

A あれ？ カードの暗証番号、何だったっけ。

B 変更されますか。

통장이나 카드의 비밀번호는 「暗証番号」라고 하고, 인터넷 등에서 쓰이는 비밀번호는 「パスワード」라고 구분해서 사용합니다.

「~っけ」는 확실하게 기억이 나지 않아서 상대방에게 '~(였)던가?'라고 확인하거나 혼잣말처럼 '~(였)더라?'라는 의미로 쓰는 일종의 종조사인데 회화에서만 쓰입니다.

💬 돈을 찾고 싶어요.

お金を下ろしたいんです。
かね　お

▶「下ろす」대신「引き出す」도 쓸 수 있습니다.

💬 천 엔짜리를 바꿔 주시겠어요?

千円札を両替してもらえますか。
せん えん さつ　　りょうがえ

💬 이 현금을 수표로 바꿔 주시겠어요?

この現金を小切手に換えてもらえますか。
げん きん　　こ ぎっ て　　か

💬 수수료는 얼마입니까?

手数料はいくらですか。
て すうりょう

💬 통장정리를 해 주세요.

通帳記入をしてください。
つうちょう き にゅう

下ろす (돈 따위를) 찾다　両替する 환전하다　換える 바꾸다　通帳記入 통장정리

0 4 7 우체국 ❶

A 이걸 한국에 보내고 싶은데요.

B 네, 우선 무게를 재 주세요.

A これを韓国に送りたいんですが。

B はい、まず重さを計ってくだい。

일본어의 「い형용사」는 「重い(무겁다) → 重さ(무게) / 高い(높다) → 高さ(높이) / 広い(넓다) → 広さ(넓이)」와 같이 대개 어미 「~い」를 「~さ」로 바꾸면 명사가 됩니다. 하지만 「甘い(달다) → 甘み(단맛) / 楽しい(즐겁다) → 楽しみ(즐거움)」와 같이 어미가 「~み」로 바뀌기도 하고 「眠い(졸리다)」는 「眠気(졸음)」가 되는 등 형용사에 따라 명사형이 달라집니다.

送る 보내다　**重さ** 무게　**計る** (무게 등을) 재다

💬 편지를 부치고 싶은데요.

手紙を出したいんですが。
てがみ　だ

💬 엽서 3장과 우표 5장을 주세요.

ハガキ３枚と切手５枚をください。
さんまい　　きって　ごまい

💬 무게에 따라서 요금이 달라요.

重さによって料金が違います。
おも　　　　　　りょうきん　ちが

💬 500엔짜리 우표를 붙여 주세요.

５００円の切手を貼ってください。
ごひゃく　えん　　きって　　は

💬 우편번호를 적어 주세요.

郵便番号を書いてください。
ゆうびんばんごう　　か

手紙を出す 편지를 붙이다　〜によって 〜에 따라서　違う 다르다　貼る 붙이다

111

A 언제쯤 도착하나요?

B 대체로 2~3일 정도면 도착해요.

A いつごろ届きますか。

B 大体２～３日ぐらいで届きます。

「～ごろ」와 「～ぐらい」는 둘 다 대략적인 정도를 나타내는데 「～ごろ」는 주로 시간이나 때를 「～ぐらい」는 수량을 나타냅니다. 예를 들어 「５時ごろ(5시경) / ５時間ぐらい(5시간 정도)」, 「１０月ごろ(10월경) / １０ヶ月ぐらい(10개월 정도)」와 같이 씁니다.

～ごろ ～쯤, ～경　届く 도착하다　大体 대체로　～ぐらい ～정도

💬 착불(수취인 부담)도 가능한가요?

着払いもできますか。
ちゃくばら

💬 EMS로 해 주세요.

ＥＭＳでお願いします。
イー エム エス　　　　ねが

💬 보통 (우편)이면 됩니다.

普通でいいです。
ふ つう

▶ 「～でいい」는 '~면 된다, ~면 충분하다'라는 뜻입니다.

💬 내용물은 뭔가요?

中身は何ですか。
なか み　　なん

💬 깨지기 쉬운 건 없나요?

壊れやすいものはありませんか。
こわ

▶ 「동사의 ます형+やすい」는 '~하기 쉽다'라는 뜻입니다.

着払い 착불　中身 내용물　壊れる 깨지다

A 이거 드라이클리닝해 주세요.

B 네. 정장 1벌하고 셔츠 2장이네요.

A これ、ドライクリーニングをお願いします。

B はい。スーツ1着とシャツ2枚ですね。

세탁소는 「クリーニング屋」 혹은 「クリーニング店」이라고 하고 말할 때는 보통 「さん」을 붙여서 「クリーニング屋さん」이라고 합니다. 「〜屋さん」은 가게와 가게 주인을 모두 지칭하는 표현입니다. 전통적인 의미의 세탁소 외에 「コインランドリー」라고 불리는 빨래방도 보편화되어 있습니다.

〜着 〜벌 〜枚 〜장

💬 이거 세탁소에 맡겨 줄래?

これ、クリーニングに出してくれる？

💬 다림질 해 주세요.

アイロンをかけてください。

▶ 다림질은 「アイロンがけ」라고 합니다.

💬 여기 얼룩을 빼 주세요.

ここの染みを取ってください。

▶ 「取る」대신 「抜く」도 쓸 수 있습니다.

💬 이 청바지 밑단을 줄일 수 있나요?

このジーパン、裾上げできますか。

💬 단추를 달아 주세요.

ボタンをつけてください。

クリーニングに出す 세탁소에 맡기다　アイロンをかける 다림질하다
染みを取る 얼룩을 빼다　ジーパン 청바지　裾上げ 밑단을 줄이는 것

A 책을 빌리려면 어떻게 하면 되나요?

B 여기는 처음인가요?

A 本を借りるにはどうすればいいですか。

B ここは初めてですか。

「동사의 기본형+には」는 '~하려면', '~하는데'라는 뜻입니다. 「どうすればいい ですか(어떻게 하면 되나요?)」는 상대에게 의견이나 조언을 구할 때 사용하는 표현 입니다. 「～すれば」는 「する」의 가정형으로 「～すれば」 대신 「～したら」를 써서 「どうしたらいいですか」라고 해도 됩니다.

借りる 빌리다 初めて 처음

💬 몇 권까지 빌릴 수 있나요?

何冊まで借りられますか。
なん さつ　　　　か

💬 도서관 카드를 만들고 싶은데요.

図書館カードを作りたいんですが。
と しょ かん　　　　　つく

▶ 「図書館カード」 대신 「会員カード」라고도 합니다.
　　としょかん　　　　　かいいん

💬 읽고 싶은 책을 신청할 수 있나요?

読みたい本を申し込むことができますか。
よ　　　　ほん　もう　こ

💬 휴관일은 언제인가요?

休館日はいつですか。
きゅうかん び

💬 금요일까지 반납해 주세요.

金曜日までに返却してください。
きん よう び　　　　へんきゃく

何冊 몇 권　申し込む 신청하다　返却する 반납하다

PART 06

교통수단

* 버스

버스 정류장은 어느 쪽인가요?

도착하면 알려 주실래요?

* 전철

어디서 갈아타면 되나요?

전철을 놓쳐 버려서…

곧 2번 승강장에 일반 열차가 들어옵니다

* 택시

신주쿠역까지 가 주세요

택시 잡을까?

* 렌터카

편도로 렌터카를 빌릴 수 있나요?

* 운전하기

면허를 딴 지 얼마 안 되서요

차선 잘 못 바꾸겠어

A 저 죄송한데요, 버스 정류장은 어느 쪽인가요?

B 저기 빌딩 앞이에요.

A あのう、すみませんが、バス停はどちらですか。

B あそこのビルの前です。

「あのう、すみませんが」는 모르는 사람에게 말을 걸 때 쓰는 표현입니다. 모르는 장소를 물을 때는 「〜はどちらですか」 혹은 「〜はどこですか」라고 하는데, 「どちら」를 쓰면 좀 더 공손한 느낌을 줄 수 있습니다. 「バス停」는 「バス停留場」의 줄임말입니다.

バス亭 버스 정류장

💬 이 버스 신주쿠역에 가나요?

このバス、新宿駅に行きますか。
しんじゅくえき　　い

💬 그 버스라면 지금 막 출발했어요.

そのバスなら、今出発したばかりです。
いましゅっぱつ

💬 긴자행 버스는 몇 번인가요?

銀座行きのバスは何番ですか。
ぎんざゆ　　　　　　なんばん

▶ 「行く」는 '~행'이라고 할 때는 발음이 「行き」가 됩니다.
い　　　　　　　　　　　　　　　　　　　　ゆ

💬 건너편에서 타세요.

向こう側で乗ってください。
む　　がわ　の

💬 이 버스는 몇 분 간격으로 출발하나요?

このバスは何分おきに出ますか。
なんぷん　　　で

出発する 출발하다　**～たばかり** 막 ~하다　**～行き** ~행　**向こう側** 건너편
乗る 타다　**～おき** ~간격

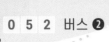

A 기사님, 우에노 공원에 도착하면 알려 주실래요?

B 네, 알겠습니다.

うんてんしゅ うえ の こうえん つ おし
A 運転手さん、上野公園に着いたら教えて
もらえませんか。

わ
B はい、分かりました。

상대방에게 부탁할 때는 「～てもらえませんか」나 좀 더 정중한 표현인 「～ていただけませんか」를 쓰는 것이 좋습니다. 직역하면 모두 '~해 받을 수 있겠습니까' 이지만 우리말의 '~해 주시겠어요?'에 해당됩니다. 부탁할 때 많이 쓰는 「～てください」는 명령하는 듯한 이미지가 강해서 아주 당연한 상황이 아니면 실례가 되기도 합니다.

運転手 운전수 **着く** 도착하다 **教える** 가르치다 **分かる** 알다, 이해하다

도쿄역에 서나요?

東京駅で止まりますか。
とうきょうえき　　　と

💬 버스 잘못 탔어.

バス、乗り間違えちゃった。
　　　　の　　　まちが

💬 다음 역에서 내리세요.

次の駅で降りてください。
つぎ　えき　お

💬 정리권을 뽑으세요.

整理券をお取りください。
せい　り　けん　　　　と

▶ 정리권은 요금 정산을 위한 번호표로 내릴 때 현금과 함께 요금함에 넣습니다.

💬 요금은 내릴 때 내세요.

料金は降りる時に払ってください。
りょうきん　お　　　とき　はら

止まる 서다, 멈추다　乗り間違える 잘못 타다　降りる 내리다　取る 뽑다
払う 지불하다, 내다

> **A** 신주쿠에 가고 싶은데요,
> 어디서 갈아타면 되나요?

> **B** 신주쿠라면 2번 승강장이에요.

A 新宿に行きたいんですけど、どこで乗り換えたら
　　いいですか。

B 新宿なら、2番線です。

「〜たらいいですか(〜하면 좋을까요?)」도 「〜ばいいですか」와 마찬가지로 상대
에게 조언을 구하는 표현입니다.

「〜なら」는 앞에 등장한 화제를 받아서 '〜라면'이라고 말할 때 씁니다.

승강장은 「〜番線」 혹은 「〜番ホーム」라고 합니다.

乗り換える 갈아타다　**〜なら** 〜라면

💬 매표소는 지하 1층에 있습니다.

切符売り場は地下１階にあります。
きっぷ う ば ち か いっかい

💬 오사카까지 편도 티켓 1장 주세요.

大阪まで片道きっぷ１枚ください。
おお さか かた みち いち まい

▶ 왕복은 「往復」라고 합니다.
おうふく

💬 창쪽 자리로 부탁합니다.

窓側の席でお願いします。
まど がわ せき ねが

💬 열차가 1시간 연착되었습니다.

列車が１時間遅れています。
れっしゃ いち じ かん おく

💬 승차권을 보여 주세요.

乗車券を見せてください。
じょうしゃ けん み

遅れる 늦다　見せる 보이다

Ⓐ 늦었네.

Ⓑ 미안, 전철을 놓쳐 버려서…

A <ruby>遅<rt>おそ</rt></ruby>いよ。

B <ruby>悪<rt>わる</rt></ruby>い。<ruby>電車<rt>でんしゃ</rt></ruby>に<ruby>乗<rt>の</rt></ruby>り<ruby>遅<rt>おく</rt></ruby>れちゃって…

「<ruby>悪<rt>わる</rt></ruby>い」에는 '나쁘다'라는 뜻 외에 '미안하다'라는 뜻도 있는데 주로 남자가 친한 사이에서 씁니다.
「<ruby>乗<rt>の</rt></ruby>り<ruby>遅<rt>おく</rt></ruby>れる」는 「<ruby>乗<rt>の</rt></ruby>る(타다)」와 「<ruby>遅<rt>おく</rt></ruby>れる(늦다)」가 합쳐진 복합동사로 '탈 것을 못 타고 놓치다'라는 뜻입니다. 「<ruby>乗<rt>の</rt></ruby>り<ruby>遅<rt>おく</rt></ruby>れる」도 「<ruby>乗<rt>の</rt></ruby>る」와 마찬가지로 목적격 조사는 「〜に」를 써야 합니다.

<ruby>遅<rt></rt></ruby>い 늦다　悪い 미안(해)　乗り遅れる (탈 것 등을) 놓치다

💬 역을 지나쳤어요.

駅を乗り過ごしたんです。
えき　　の　　す

💬 전철로 어느 정도 걸리나요?

電車でどのくらいかかりますか。
でん しゃ

💬 추가 요금 정산기는 어디 있나요?

乗り越し精算機はどこですか。
の　　こ　せい さん き

💬 만원 전철은 정말 괴로워.

満員電車って、ほんと辛い。
まん いん でん しゃ　　　　　　　　つら

💬 뛰어들기 승차는 하지 마.

駆け込み乗車はしないで。
か　　こ　　じょうしゃ

乗り過ごす (목적지를) 지나치다　かかる (시간 등이) 걸리다　乗り越し 목적지를 지나침
辛い 괴롭다　〜って 〜란　駆け込み 뛰어듦

A 곧 2번 승강장에 일반 열차가 들어옵니다.

B 조금 기다렸다 다음 급행을 타자.

A まもなく２番線に各駅停車が参ります。

B もうちょっと待って、次の急行に乗ろう。

일본의 전철은 목적지가 같아도 정차하는 역의 수에 따라 차량을 여러 등급으로 나눕니다. 모든 역에서 정차하는 차량은 「普通」 혹은 「各駅停車(줄여서 各停)」라고 하고 사람들의 이동이 많은 역에만 선택적으로 정차하는 급행 열차는 빨라지는 순으로 「準急, 急行, 快特, 特急」 등이 있습니다.

まもなく 곧　参る 오다〈来る의 겸양어〉　次 다음　急行 급행

💬 곧 신주쿠, 신주쿠에 도착합니다.

まもなく新宿、新宿に到着いたします。
しんじゅく　　しんじゅく　　とうちゃく

▶ 「いたす」는 「する」의 겸양어입니다.

💬 야마노테선으로 갈아타시는 분은 다음 역에서 내려주십시오.

山手線に乗り換えの方は、次の駅で
やまのて せん　の　か　　かた　　つぎ　えき
お降りください。
お

💬 위험하오니 노란 선 안으로 물러서 주시기 바랍니다.

危ないですから、黄色い線の内側まで
あぶ　　　　　　　　　　き いろ　せん　うち がわ
お下がりください。
さ

💬 출구는 왼쪽입니다.

お出口は左側です。
で ぐち　ひだり がわ

💬 오른쪽 문이 열립니다. 조심해 주십시오.

右側のドアが開きます。ご注意ください。
みぎ がわ　　　　　　ひら　　　　　　ちゅう い

▶ '문이 닫힙니다'는 「ドアが閉まります」입니다.
し

乗り換え 갈아탐　危ない 위험하다　下がる 물러서다　開く 열리다

129

> **A** 어디까지 가시나요?
>
> **B** 신주쿠역까지 가 주세요.

A どちらまで行_いかれますか。

B 新宿駅_{しんじゅくえき}まで行_いってください。

「どちらまで行かれますか」는 택시를 타면 흔하게 들을 수 있는 표현입니다. 「行かれますか」를 생략하고 「どちらまで」라고만 묻기도 합니다. 「行かれる」는 「行く」의 수동형인데 일본어의 수동형에는 가벼운 존경의 의미도 있습니다.

💬 택시 승강장은 어디인가요?

タクシー乗り場はどこですか。
の　　　ば

💬 도쿄역까지 부탁합니다.

東京駅までお願いします。
とうきょうえき　　　ねが

💬 공항까지 얼마나 걸리나요?

空港までどのくらいかかりますか。
くうこう

💬 기본요금은 얼마인가요?

基本料金はいくらですか。
き　ほんりょうきん

💬 트렁크를 열어 주시겠어요?

トランクを開けてもらえますか。
あ

開ける 열다

A 버스로 안 늦을까?

B 그러게. 택시 잡을까?

A バスで間に合うかなあ。

B そうだね。タクシー、拾おうか。

「間に合う」는 '정해진 시간에 늦지 않다'라는 뜻입니다. 시간에 안 늦었을 때는 「間に合った」, 늦었을 때는 「間に合わなかった」라고 합니다.
'택시를 잡다'는 「拾う」나 「捕まえる」를 씁니다.

~で ~로〈수단, 방법을 나타냄〉 間に合う 시간에 대다 拾う 차를 세워 타다, 줍다

💬 다음 사거리에서 오른쪽으로 꺾어 주세요.

次の交差点を右に曲がってください。
つぎ こうさ てん みぎ ま

▶ 왼쪽은 「左」입니다.
ひだり

💬 우회전해 주세요.

右折してください。
う せつ

▶ 좌회전은 「左折」입니다.
さ せつ

💬 좀 더 빨리 가 주세요.

もうちょっと急いでください。
いそ

💬 저 앞 신호 있는 데서 세워 주세요.

あの前の信号のところで止めてください。
まえ しんごう と

💬 여기에서 내려 주세요.

ここで下ろしてください。
お

曲がる 돌다　急ぐ 서두르다　ところ 곳, 장소　止める 세우다
下ろす 내리다, 내려놓다

> **A** 편도로 렌터카를 빌릴 수 있나요?

> **B** 네, 가능한데요, 편도 반납 요금이 들어요.

A 片道でレンタカーを借りられますか。

B はい、できますが、乗り捨て料金がかかります。

「片道」는 편도라는 뜻으로 「ワンウェイ(one-way)」라고도 합니다. 「乗り捨て」는 「乗る(타다)」와 「捨てる(버리다)」가 합쳐진 복합동사로 직역하면 '타고 버리다'이지만, 차를 빌리고 빌린 곳에 반납하지 않고 소비자가 원하는 장소에 반납하는 것을 말합니다. 요즘 대형 렌터카 체인점은 보통 「乗り捨て」가 가능한 것이 일반적입니다.

借りる 빌리다 **乗り捨て料金** 편도 반납 요금

💬 어떤 차종을 원하세요?

どのような車種をご希望ですか。
しゃしゅ　　　きぼう

▶ 「ご」는 명사 앞에 붙는 미화어입니다.

💬 5인 승이 좋은데요.

５人乗りがいいんですが。
ご にん の

💬 보험은 들어 있나요?

保険は入っていますか。
ほ けん　　　はい

💬 5일 빌리면 요금은 얼마예요?

５日間借りたら、料金はいくらですか。
いつか かん か　　　　　りょうきん

💬 기름은 가득 채워서 반납해 주세요.

ガソリンは満タンにしてご返却ください。
まん　　　　　　　へんきゃく

▶ 「満タン」의 「タン」은 「タンク(tank)」의 줄임말입니다.

車種 차종　希望 희망　〜乗り 〜승　満タン 연료나 물 등이 용기 가득 들어 있음

返却 반납

Ⓐ 운전할 수 있어요?

Ⓑ 사실은 면허를 딴 지 얼마 안 되서요.

うんてん
A 運転、できますか。

じつ　　　　めんきょ　と
B 実は、免許を取ったばかりなので。

「〜ので」와 「〜から」는 '〜라서, 〜이기 때문에'라는 뜻으로 이유나 원인을 설명하는 표현입니다. 그런데 「〜ので」는 「〜から」보다 공손한 말이라서 보통체(です/ます가 붙지 않은 반말 형태)에 접속해도 정중한 느낌을 줄 수 있습니다. 다만 명사와 な형용사의 경우는 각각 「명사+なので」와 「な형용사의 어간+なので」의 형태로 접속되는 점에 주의합니다.

できる 가능하다　免許を取る 면허를 따다

💬 장롱면허예요.

ペーパードライバーです。

▶ 「ペーパードライバー(paper・driver)」는 일본식 외래어로
운전면허는 있지만 운전을 하지 않는 사람을 말합니다.

💬 안전벨트를 해.

シートベルトをして。

▶ 「する」 대신 「締める(메다)」도 쓸 수 있습니다.

💬 내비 세팅해 줄래(목적지 입력해 줄래)?

カーナビ、セットしてくれる？

▶ 「カーナビ」는 「カーナビゲーション」의 줄임말입니다.

💬 길이 막히네요.

道が混んでいますね。
みち　　こ

💬 이제 고속 도로도 탈 수 있어.

もう高速にも乗れる。
こうそく　　　　の

▶ 「高速」은 「高速道路(고속 도로)」의 줄임말입니다.

混む 붐비다, 혼잡하다

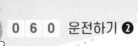
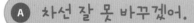

A 車線、うまく変えられない。

B ウィンカーを出して、ゆっくり入れば大丈夫。

「うまい」는 「上手だ(잘하다, 능숙하다)」와 「おいしい(맛있다)」의 두 가지 의미를
갖고 있어 문맥을 통해서 파악하는 것이 중요합니다.
「ゆっくり」는 '천천히'라는 뜻도 있고 「ゆっくり休む(푹 쉬다)」와 같이 '여유롭게,
느긋하게'라는 뜻도 있습니다.

ウィンカーを出す 깜박이를 켜다　**入る** 들어가다

💬 후진해.

バックして。

▶ 「バック」는 영어의 'back'입니다.

💬 과속했어.

スピードを出しすぎた。
だ

▶ 「동사의 ます형+すぎる」는 '지나치게 ~하다' 라는 뜻입니다.

💬 주차위반 딱지를 뗐어.

駐禁ステッカーを貼られた。
ちゅうきん　　　　　　　　　　は

▶ 「駐禁」은 「駐車禁止」의 줄임말입니다.
ちゅうきん　　ちゅうしゃきんし

💬 주유소에 들렀다 가자.

ガソリンスタンドに寄っていこう。
よ

💬 기름 3000엔어치 넣어 주세요.

ガソリン、３０００円分入れてください。
さんぜん　　えんぶん　い

バックする 후진하다　貼る 붙이다　寄る 들르다　〜分 〜어치　入れる 넣다

PART 07

음식 즐기기

✻ 식사
배고파
중국요리랑 이탈리안 어느 쪽이 좋아?
다음에 맛있는 거 만들어 줄게

✻ 식당
메뉴판 주세요
시킨 거 아직 안 나오네
내가 낼게

✻ 카페
카푸치노를 톨로 주세요

✻ 요리
이거 어떻게 만들었어?
나중에 데워 먹어
너무 맛있었어

A 배고파. 밥, 뭐가 먹고 싶어?

B 오랜만에 외식은 어때?

A お腹、空いた。ご飯、何が食べたい？

B 久しぶりに外食はどう？

「お腹(が)空く(배가 고프다)」는 말하는 시점에서 벌써 배고픈 상태이기 때문에 과거형을 써서 「お腹空いた」라고 합니다. 남성은 「腹、減った(배가 고프다)」라는 표현을 쓰기도 합니다. 같은 한자라도 「空く」라고 읽으면 '자리가 비다'라는 뜻이 됩니다.

久しぶりに 오랜만에

🗨 배가 너무 고파.

お腹がぺこぺこ。
なか

🗨 밥 먹으러 가자.

ご飯に行こう。
はん　い

🗨 밥 짓는 거 귀찮아.

ご飯炊くの、面倒くさい。
はん　た　　　　めん どう

🗨 편의점에서 도시락 사서 먹지 않을래?

コンビニでお弁当買って食べない？
べん とう　か　　　た

🗨 뭔가 만들어 먹을까?

何か作って食べようか。
なん　つく　　　た

ぺこぺこ 배가 몹시 고픈 모양　ご飯を炊く 밥을 짓다　面倒くさい 귀찮다
コンビニ 편의점　お弁当 도시락　作る 만들다

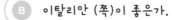

A 중국요리랑 이탈리안 어느 쪽이 좋아?

B 이탈리안 (쪽)이 좋은가.

A 中華料理とイタリアン、どっちがいい？

B イタリアンの方かな。

「AとB(と)、どちらが〜？(A와 B 중에 어느 쪽이 ~?)」는 둘 중 하나를 고를 때 쓰는 패턴화 된 표현입니다. 이 경우는 대답이 중요한데 선택한 쪽에 꼭 「〜方(〜쪽)」를 붙여서 말해야 합니다.

「かな」는 '~인가?, ~일까?'라는 뜻으로 가벼운 의문을 나타냅니다.

💬 패스트푸드는 어때?

ファーストフードはどう？

💬 초밥 배달시킬까?

すしの出前、取ろうか？
で まえ　と

▶ 「取る」 대신 「頼む(부탁하다, 주문하다)」도 쓸 수 있습니다.

💬 초밥 무한 리필집에 가자.

すし食べ放題の店へ行こう。
た　　ほうだい　みせ　い

▶ 「食べ放題」는 '맘껏 먹음'이라는 뜻으로 우리말의 무한 리필 또는 뷔페에 해당합니다.

💬 모처럼이니까 좀 근사한 곳에 안 갈래?

せっかくだから、ちょっとおしゃれな店に
みせ
行かない？
い

💬 분위기 좋은 가게에 가고 싶어.

いい感じの店に行きたい。
かん　　みせ　い

▶ 「感じ」에는 '느낌'뿐 아니라 '분위기, 인상'이라는 뜻도 있습니다.

出前を取る 배달을 시키다　せっかく 모처럼임　おしゃれ 멋짐, 세련됨

A 다음에 맛있는 거 만들어 줄게.

B 정말? 기대된다.

A 今度、おいしいもの作ってあげる。
こん ど　　　　　　　　　　 つく

B 本当？ 楽しみだね。
ほんとう　 たの

「今度」에는 '이번'이라는 뜻도 있고 '다음'이라는 뜻도 있어서 문맥으로 파악해야
こん ど
합니다.

「~てあげる」는 '내가 남에게 '~해 주다'라는 뜻이지만 상대를 위해서 일부러 하는
거라는 생색내는 뉘앙스가 있기 때문에 친한 사이가 아닌 경우에는 잘 사용하지 않
습니다.

楽しみ 즐거움, 기대

💬 잘 먹겠습니다.

いただきます。

💬 잘 먹었습니다.

ごちそうさまでした。

▶ 「ご馳走」는 원래 '진수성찬'이라는 뜻이며, 「ご馳走する」는 '맛있는 음식을 대접하다'라는 뜻입니다.

💬 입에 맞나요?

お口に合いますか。
　　くち　　あ

💬 음식을 가리지 않아요.

食べ物の好き嫌いがないです。
　た　もの　す　きら

💬 맛에 까다로운 편이에요.

味にうるさい方です。
　あじ　　　　　　　ほう

▶ 「うるさい」는 '시끄럽다'라는 뜻이지만
「～にうるさい」의 형태로 '～에 까다롭다, 예민하다'라는 뜻을 나타냅니다.

口に合う (음식 등이) 입에 맞다　好き嫌い 좋아함과 싫어함

147

A 여기요. 메뉴판 주세요.

B 네, 여기 있습니다.

A すみません。メニューください。

B はい、どうぞ。

「どうぞ」는 남에게 무엇을 주거나 남이 어떤 행동을 하도록 권할 때 폭넓게 쓸 수 있는 표현입니다. 일본인은 문맥상 알 수 있는 내용에 대해서는 굳이 말을 하지 않는데, 예를 들어 음식을 내밀면서 「どうぞ」라고 하면 먹으라는 뜻이고, 문을 열고 「どうぞ」라고 하면 들어오라는 뜻이라는 것을 알 수 있기 때문에 굳이 동사를 쓰지 않습니다.

メニュー 메뉴, 메뉴판

💬 여기요. 주문이요.

すみません。注文お願いします。
ちゅうもん　ねが

💬 주문은 정하셨나요?

ご注文はお決まりですか。
ちゅうもん　き

💬 오늘의 추천 요리는 뭔가요?

今日のおすすめは何ですか。
きょう　なん

💬 가장 빨리 되는 건 뭔가요?

一番早くできるものは何ですか。
いち ばん はや　なん

💬 저거와 같은 걸 주세요.

あれと同じのをください。
おな

決まる 정해지다　**おすすめ** 추천, 권유　**できる** 되다

A 준이 시킨 거 아직 안 나오네.

B 좀 물어볼게.

A 純君が頼んだもの、まだ来ないね。

B ちょっと聞いてみる。

「頼む」는 「お願いする(부탁하다)」의 뜻도 있지만 「何頼む?(뭐 시킬래)」와 같이 '식당 등에서 주문하다, 음식을 시키다'라는 뜻도 있습니다.

「見る(보다)」가 「～てみる(~해 보다)」의 보조동사로 쓰이면 시도해보다 라는 뜻이 되는데 이때는 한자가 아니라 히라가나로 표기합니다.

聞く 묻다, 듣다 **～てみる** ~해 보다

💬 물과 물수건 주세요.

お水とおしぼりください。
みず

💬 테이블을 치워 주시겠어요?

テーブルを片付けてもらえますか。
かた づ

▶「片付ける」대신「下げる(치우다)」도 쓸 수 있습니다.
かたづ   さ

💬 곱빼기로 주세요.

大盛りでください。
おお も

▶ 보통은「並」라고 합니다.
なみ

💬 앞접시도 주세요.

取り皿もください。
と   ざら

💬 (주문한 음식이) 아직 멀었나요?

まだですか。

おしぼり 물수건   片付ける 정리하다, 치우다

A 여기는 내가 낼게.

B 괜찮겠어? 다음엔 내가 살게.

A ここは僕がおごるよ。

B いいの？ 今度は私がおごるね。

「おごる」나 「払う」는 모두 '돈을 내다, 지불하다'라는 의미로 쓸 수 있지만 「おごる」는 정확하게는 '한턱 내다, 음식을 대접하다'라는 뜻이기 때문에 음식값을 낼 때에 한해서 쓸 수 있습니다. 이에 비해 「払う」는 식당 외에 다른 곳에서도 사용할 수 있습니다.

おごる 한턱 내다

💬 계산해 주세요.

お会計、お願いします。
かい けい　　　　　ねが

▶ 「お会計」 대신 「お勘定(계산)」도 쓸 수 있습니다.
　　かいけい　　　　　　　かんじょう

💬 따로 따로 계산할게요.

別々で払います。
べつ べつ　　はら

▶ 식사를 하고 각자 계산하는 것은 「割り勘」이라고 합니다.
　　　　　　　　　　　　　　　　　　わ　かん

💬 제 건 제가 낼게요.

自分の分は自分で払います。
じ ぶん　　ぶん　　じ ぶん　　はら

💬 카드로 낼 수 있나요?

カードで払えますか。
はら

💬 할인 쿠폰 쓸 수 있나요?

割引クーポン、使えますか。
わり びき　　　　　　　　　つか

別々 따로따로　分 몫　払う 지불하다, 내다　使う 쓰다, 사용하다

A 카푸치노를 톨로 주세요.

B 아이스로 드릴까요?

A カプチーノをトールでください。

B アイスでよろしいですか。

「よろしい」는 「いい」의 공손한 표현으로 「～でよろしいですか(～면 되나요?)」는 상대방의 의향을 확인할 때 쓰는 표현입니다. 회화문의 경우 아이스가 괜찮으면 「はい、アイスで(お願いします)」라고 대답하면 되고, 만약 뜨거운 것을 원하면 「いいえ、ホットで(お願いします)」나 「いいえ、ホットにしてください」라고 하면 됩니다.

トール 톨(큰 사이즈)

💬 휘핑크림을 듬뿍 올려 주세요.

ホイップをたっぷり載せてください。
の

💬 에스프레소 샷을 추가해 주세요.

エスプレッソショットを追加してください。
ついか

💬 연하게 해 주세요.

薄目でお願いします。
うすめ　　ねが

▶ 진한 맛을 원하면 「濃い目でお願いします」라고 합니다.
こい め　ねが

💬 카페인 빼고 부탁해요.

カフェイン抜きでお願いします。
ぬ　　　　ねが

💬 얼음과 컵을 준비해 드릴까요?

氷とコップをご用意いたしましょうか。
こおり　　　　　　　　　よう い

たっぷり 듬뿍, 충분히　載せる 올리다　追加する 추가하다
薄目 (맛·빛깔 등이) 엷은, 연함　～抜き ～뺌, ～없이　用意 준비

A 이거 어떻게 만들었어?

B 간단해. 프라이팬에 기름을 두르고 볶기만 하는 거니까.

A これ、どうやって作ったの？

B 簡単だよ。
フライパンに油を引いて炒めるだけだから。

「する」와 「やる」는 둘 다 '하다'라는 뜻이지만 쓰임에 차이가 있습니다. 의문사인 「どう」와 함께 쓸 경우 「どうして」는 '어째서, 왜'라고 이유를 물을 때 쓰지만 「どうやって」는 '어떻게 해서'라고 방법을 물을 때 사용합니다.

油を引く 기름을 두르다　炒める 볶다　～だけ ～뿐, ～만

💬 야채를 깨끗하게 씻어.

野菜をきれいに洗って。
やさい　　　　　　　　　あら

💬 양파를 잘라 줄래?

玉ねぎを切ってくれる？
たま　　　　き

💬 감자 껍질을 벗겨 둬.

ジャガイモの皮を剥いといて。
かわ　む

▶ 「～とく」는 「～ておく(~해 두다)」의 줄임말입니다.

💬 계란도 삶을까?

ゆで卵も作ろうか。
たまご　つく

💬 속까지 익혀.

中まで火を通してね。
なか　　ひ　とお

洗う 씻다　切る 자르다　剥く 벗기다, 까다　火を通す 불을 통과시키다, 익히다

A 저녁 나중에 데워 먹어.

B 고마워.

A 夕ご飯、後でチンして食べて。

B ありがとう。

「チンする」는 '전자레인지로 데우다'라는 뜻입니다. 「電子レンジ(전자레인지)」에 음식을 다 데웠을 때 나는 소리를 딴 표현인데 속어적인 느낌이라서 친한 사이에서 만 쓸 수 있습니다. 보통은 「温める(데우다)」를 쓰는데 예를 들어 편의점 등에서 도 시락을 사는 손님에게 「温めますか(데울까요?)」라고 묻는 경우가 많습니다.

チンする 전자레인지로 데우다

💬 식기 전에 먹어.

冷めないうちに食べてね。
さ　　　　　　　　た

💬 후추를 조금 뿌려도 맛있어.

コショウを少しかけてもおいしいよ。
　　　　　すこ

💬 달걀프라이는 반숙이 맛있어.

目玉焼きは半熟がおいしい。
め　だま　や　　はんじゅく

▶ 완숙은 「完熟」라고 합니다.
　　　　かんじゅく

💬 젓가락 놔 줄래?

お箸置いてくれる？
　はし　お

💬 밥을 태워 버렸어.

ご飯を焦がしちゃった。
　はん　　こ

▶ 「～ちゃう」는 「～てしまう(~해 버리다)」의 줄임말입니다.

冷める 식다　～ないうちに ~하기 전에　かける 뿌리다　置く 두다, 놓다
焦がす 태우다

159

A 배불러. 맛있었어.

B 응. 너무 맛있었어.

A お腹いっぱい。おいしかった。

B うん。超おいしかったね。

「いっぱい」는 '가득'과 '한 잔', 두 가지 뜻이 있습니다. 문맥상 파악할 수도 있지만 억양으로도 구분할 수 있습니다. '가득'의 뜻일 때는 뒤에 악센트가 있고 '한 잔'의 뜻일 때는 앞에 악센트가 있습니다.

「超」는 「超おもしろい(너무 재밌어) / 超大好き(너무 좋아)」와 같이 형용사 앞에 붙어서 그 의미를 강조하는 역할을 하는데 젊은층이 많이 사용합니다.

💬 맛있겠다.

おいしそう。

💬 나, 매운 건 잘 못 먹어.

私、辛い物は苦手。
わたし　　から　　もの　　にが て

▶ 「苦手だ」는 원래 '서툴다, 잘 못 다루다'라는 뜻인데,
음식과 함께 쓰이면 '잘 못 먹는다'라는 뜻이 됩니다.

💬 이 고기 너무 질겨.

この肉、固すぎる。
　　 にく　　かた

▶ '부드럽다'는 「柔らかい」입니다.
　　　　　　　　やわ

💬 좀 싱겁지 않아?

ちょっと薄くない？
　　　　　うす

▶ 「薄い」는 원래 '얇다'라는 뜻이지만 맛과 관련해서는 '싱겁다'라는 뜻이 됩니다.
　うす

💬 깔끔한 맛이야.

さっぱりした味だね。
　　　　　　あじ

固い 질기다　薄い 싱겁다, 연하다　さっぱりする 깔끔하다, 산뜻하다

161

PART 08

여가 즐기기

✱ 여행

연휴 때 여행 안 갈래?
비행기 티켓 예약했어?
환전해야 되는데
일박에 얼마예요?
방에 열쇠를 두고 왔어요
왜 그래?
오길 잘했어

✱ 취미

취미가 뭐예요?
한국 드라마에 푹 빠져 있어
전보다 훨씬 잘하는데

A 연휴 때 여행 안 갈래?

B 좋아. 어디가 좋아?

A 連休の時、旅行に行かない？

B いいよ。どこがいい？

'~하러 가다'라는 표현은 「〜に行く」를 씁니다. 「旅行(여행) / 食事(식사) / 映画(영화)」와 같이 단어 자체에 동작의 의미가 포함되어 있는 명사에는 바로 「〜に行く」를 접속하고, 동사는 「会いに行く(만나러 가다)」처럼 「동사의 ます형」에 「〜に行く」를 접속합니다. 그리고 이 때 쓰인 「に」는 방향을 나타내는 조사 「〜へ (〜으로)」와 바꿔 쓸 수 없습니다.

💬 휴가 받아서 놀러 가자.

休みを取って、遊びに行こう。
やす　　と　　　　あそ　　い

▶ 「休み」는 '휴가, 방학, 쉬는 시간' 등의 의미가 있습니다.
やす

💬 당일치기로 어딘가 갈래?

日帰りでどっか行く？
ひ がえ　　　　　い

▶ 「どこか」는 회화에서 「どっか」로 말하는 경우가 많습니다.

💬 패키지 여행과 자유 여행 중 어느 게 좋아?

パッケージツアーと個人旅行と、どっちが
こ じんりょこう
いい？

💬 3박4일은 어때?

３泊４日はどう？
さん ぱく　よっか

💬 가이드북 가져올게.

ガイドブック、取ってくる。
と

休みを取る 휴가를 받다　**日帰り** 당일치기

A 비행기 티켓 예약했어?

B 아니, 만석이라서 예약 대기야.

A 飛行機のチケット、予約した？

B ううん、満席でキャンセル待ち。

비행기 표는 「チケット」 혹은 「航空券(항공권)」이라고 합니다. 「切符」도 '표'인데 지하철이나 기차표 등을 말합니다.
「キャンセル待ち」는 「キャンセル(cancel)」와 「待つ(기다리다)」의 명사형인 「待ち」가 합쳐진 표현으로 예약 대기 상태를 말합니다.

予約する 예약하다　満席 만석

💬 예약을 취소하고 싶은데요.

予約を取り消したいんですが。
よ やく と け

💬 취소 위약금은 얼마나 드나요?

キャンセル料はいくらかかりますか。
りょう

💬 예약이 꽉 차 있습니다.

予約がいっぱいになっております。
よ やく

💬 자리가 나면 연락 주세요.

空きが出たら、連絡してください。
あ   で   れん らく

💬 이건 기내에 갖고 탈 수 있나요?

これは機内に持ち込めますか。
き ない   も こ

▶ 「持ち込める」는 「持ち込む」의 가능형입니다.
も こ   も こ

取り消す 취소하다   **おる** 있다〈いる의 겸양어〉   **空き** 빈자리   **連絡する** 연락하다
持ち込む 가지고 들어오다

A 환전해야 되는데.

B 공항이라서 환율이 나쁠지도 몰라.

A 両替^{りょうがえ}しなくちゃ。

B 空港^{くうこう}だからレートが悪^{わる}いかも。

'환전하다'는 「両替^{りょうがえ}する」라고 합니다. 외화뿐 아니라 「お札^{さつ}(지폐)」를 「小銭^{こ ぜに}(동전)」
로 바꾸거나 단위가 큰 지폐를 더 작은 단위의 지폐로 바꿀 때도 쓸 수 있습니다.
환율은 「為替^{かわせ}レート」 혹은 「為替相場^{かわせ そう ば}」라고도 합니다.

レート 환율〈rate〉

💬 포켓 와이파이를 빌리고 싶은데요.

ポケット・ワイファイをレンタルしたいんですが。

💬 면세품을 찾으러 가야 해.

免税品を取りに行かなきゃ。
めん ぜい ひん　　と　　い

💬 기내식은 언제 나오나요?

機内食はいつ出ますか。
き　ないしょく　　　　　で

💬 담요를 한 장 더 받을 수 있나요?

毛布をもう一枚もらえますか。
もう ふ　　　　　いち まい

▶ '한 장 더'라는 우리말 어순과 반대라는 점에 주의하세요.

💬 시차 적응이 안 돼.

時差ボケしている。
じ　さ

▶ 「時差ボケ」는 「時差」와 「ぼける」가 합쳐진 말이며,
　じ さ　　　　　 じ さ
「ぼける」는 '감각이나 의식이 흐려지다'라는 뜻입니다.

レンタルする 빌리다　時差ボケ 시차 장애, 시차증

169

> **A** 일박에 얼마예요?

> **B** 조식 포함해서 만 이천 엔입니다.

A <ruby>一泊<rt>いっぱく</rt></ruby>、いくらですか。

B <ruby>朝食付<rt>ちょうしょくつ</rt></ruby>きで<ruby>1万<rt>いちまん</rt></ruby><ruby>2千円<rt>にせんせん</rt></ruby>です。

'일박에 얼마예요?'라고 물을 때 일본어로는 조사를 쓰지 않습니다. 마찬가지로 '하나에 얼마예요?'도 「<ruby>一<rt>ひと</rt></ruby>つ、いくらですか」라고 합니다. 하지만 2개 이상부터는 일반적으로 조사 「～で」를 써서 「<ruby>二<rt>ふた</rt></ruby>つでいくらですか」라고 합니다. 「～で」에 범위를 한정하는 역할이 있기 때문입니다.

또한 우리말과 달리 일본어로 「万(만)」은 숫자 1을 넣어서 「<ruby>一万<rt>いちまん</rt></ruby>(일만)」이라고 표현하는 점도 주의하세요.

一泊 일박   **～付き** ～포함, ～붙어 있음

💬 체크인 부탁해요.

チェックイン、お願いします。
　　　　　　　　　　ねが

💬 1박 더 연장하고 싶은데요.

もう一泊延ばしたいんですが。
　　　いっぱく　の

💬 짐을 맡아 주시겠어요?

荷物を預かってもらえますか。
　　に もつ　　あず

💬 한국어 팸플릿은 있나요?

韓国語のパンフレットはありますか。
　かんこく ご

💬 룸서비스는 몇 시까지 이용할 수 있나요?

ルームサービスは何時まで利用できますか。
　　　　　　　　　　　なん じ　　　　り よう

延ばす 연장하다　**荷物** 짐　**預かる** 맡다, 보관하다

A 저기, 방에 열쇠를 두고 왔어요.

B 네, 알겠습니다. 다른 열쇠를 드릴게요.

A あのう、部屋に鍵を忘れてきたんですが。

B はい、かしこまりました。
別の鍵をお渡しいたします。

「忘れる」는 '(기억 속에서) 잊다'라는 뜻 외에 '물건을 두고 오다'라는 뜻이 있습니다. 물건이 있는 위치를 안다는 점에서 '물건 자체를 잃어버리다'라는 뜻의「無くす」나「落す」와는 의미가 다릅니다.
「かしこまりました」는「分かりました」보다 더 정중한 표현입니다.

渡す 건네다　いたす 하다〈する의 겸양어〉

💬 텔레비전 상태가 이상한데요.

テレビの調子がおかしいんですが。
ちょうし

💬 에어컨이 고장난 것 같은데요.

エアコンが壊れたみたいですが。
こわ

💬 수건이 부족한데요.

タオルが足りないんですが。
た

💬 옆방이 너무 시끄러워요.

隣の部屋がうるさすぎます。
となり　へや

▶ 「い형용사 어간+すぎる」는 '너무 ~하다'라는 뜻입니다.

💬 따뜻한 물이 안 나오는데요.

お湯が出ないんですが。
ゆ　で

▶ 「水」는 차가운 물을 가리킵니다.
みず

調子 상태　おかしい 이상하다　壊れる 고장나다　〜みたい 〜인 것 같다
足りない 모자라다, 부족하다　うるさい 시끄럽다

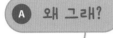

A 왜 그래?

B 어떡해, 지갑이 없는 것 같아.

A どうした？

B どうしよう。財布（さいふ）がないみたい。

「どうした？」는 상대방의 모습 등이 평소와 다를 때 걱정하는 마음을 담아서 그 이유를 물어보는 표현입니다. 우리말로는 '왜 그래, 무슨 일 있어?' 정도의 뜻이고 공손하게는 「どうしたんですか」라고 합니다. 「どうしましたか」가 병원이나 관공서 등에서 용무를 물어보는 다소 딱딱한 표현이라면 「どうした？」는 친밀한 관계에서 씁니다.

💬 길 잃어버렸어.

道に迷っちゃった。
みち　まよ

💬 여권을 잃어버린 것 같아.

パスポートを無くしたみたい。
　　　　　　　な

💬 트러블에 말려들었습니다.

トラブルに巻き込まれました。
　　　　　　ま　こ

▶ 「巻き込まれる」는 「巻き込む」의 수동형입니다.
　　ま　こ　　　　　　ま　こ

💬 분실물 센터는 어디인가요?

忘れ物センターはどこですか。
わす　もの

💬 경찰을 불러 주세요.

警察を呼んでください。
けい さつ　よ

道に迷う 길을 헤매다, 길을 잃다　無くす 잃어버리다　巻き込む 말려들게 하다
呼ぶ 부르다

A 와~ 엄청 예쁘다.

B 정말, 오길 잘했어.

A わ〜 すごいきれいだね。

B 本当、来てよかったね。

「すごい」는 い형용사이기 때문에 「きれいだ」를 수식하려면 「すごく」라고 부사의 형태로 하는 것이 문법적으로 맞지만 요즘은 「すごい」 자체를 감탄사처럼 쓰는 경우가 많습니다.

「〜てよかった」는 '~해서 다행이다, ~하길 잘했다'라는 뜻입니다.

💬 좋은 경치야.

いい景色だね。
けしき

💬 이런 거 처음 봤어.

こんなの初めて見た。
はじ　　　　み

💬 죄송하지만 사진 찍어 주시겠어요?

すみませんが、写真、撮ってください
しゃしん　　と
ませんか。

💬 사진 잘 받는다.

写真の写りがいいね。
しゃ しん　　うつ

▶ 반대로 '사진이 잘 안 나오다'는 「写真の写りが悪い」라고 합니다.
しゃしん　うつ　　わる

💬 평생 추억이 될 거야.

一生の思い出になるね。
いっしょう　おも　で

景色 경치, 풍경　**初めて** 처음　**撮る** 찍다　**写り** 사진의 찍힘새　**思い出** 추억

A 취미가 뭐예요?

B 취미라고 할 수 있을 정도는 아니지만 여행을 좋아해요.

A　趣味は何ですか。

B　趣味と言えるほどではないですが、
旅行が好きです。

「趣味は何ですか」는 조사 「〜は」가 쓰였지만 우리말 해석은 '취미는 뭐예요?'가 아니라 '취미가 뭐예요?'라고 해석하는 게 자연스럽습니다. 보통 「〜は」는 우리말의 '〜은/는'으로 「〜が」는 '〜이/가'로 해석하지만 정확하게 일치해서 대응하지 않습니다. 일본어의 경우 의문사 앞에서는 조사 「〜は」를 쓰는 게 자연스럽습니다.

趣味 취미

💬 한가할 때 뭐해요?

暇なときは何をしますか。
ひま　　　　　　　なに

💬 유튜브를 보는 게 취미야.

ユーチューブを見ることが趣味なんだ。
み　　　　　　しゅ み

💬 아마추어 밴드에서 드럼을 쳐요.

アマチュアバンドでドラムを叩いています。
たた

💬 평소에는 집에서 빈둥거려요.

普段は家でごろごろしています。
ふ だん　いえ

💬 서핑을 배우기 시작했어.

サーフィンを習い始めた。
なら　　はじ

▶ 「동사의 ます형+始める」는 '~하기 시작하다'라는 뜻입니다.
はじ

暇だ 한가하다　叩く 치다, 두드리다　普段 평소, 평상시　ごろごろする 빈둥거리다
習う 배우다

179

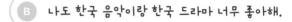

A <ruby>最近<rt>さいきん</rt></ruby>、<ruby>韓国<rt>かんこく</rt></ruby>ドラマにはまってるの。

B <ruby>私<rt>わたし</rt></ruby>も<ruby>K<rt>ケイ</rt></ruby>ポップや<ruby>韓国<rt>かんこく</rt></ruby>ドラマ<ruby>大好<rt>だいす</rt></ruby>きなの。

「はまる」는 '너무 좋아하다, 빠지다'라는 뜻으로 주로 「~にはまっている」의 형태로 쓰여서 현재 그러한 상태임을 표현합니다. 취미를 설명하는 표현으로도 쓸수 있고 「<ruby>彼<rt>かれ</rt></ruby>にはまっている(그에게 빠져 있어)」와 같이 '사람에게 빠져 있다'라고 할 때도 사용합니다. 비슷한 표현으로는 「~に<ruby>夢中<rt>むちゅう</rt></ruby>になっている(~에 열심이다, ~에 정신이 팔려 있다)」가 있습니다.

はまる 빠지다

💬 한 달에 2~3번 정도 영화를 봅니다.

１ヶ月に２〜３回ぐらい映画を見ます。
いっ か げつ　に　　さんかい　　　　　　えい が　み

💬 노래방에 자주 갑니다.

カラオケによく行きます。
い

💬 맛집 다니는 걸 좋아해요.

食べ歩きが好きです。
た　　あ　る　　　す

💬 어느 쪽인가 하면 집보다 야외 활동을 좋아해요.

どちらかと言えば、インドアよりアウトド
い

アが好きです。
す

💬 나는 집순이(집돌이)라서 외출은 별로 안 해요.

私はインドア派で、あまり外出はしないん
わたし　　　　　　は　　　　　　　　　がいしゅつ

です。

カラオケ 노래방　**食べ歩き** 맛있는 것을 찾아 돌아다니며 먹음　**インドア** 실내
アウトドア 야외　**〜派** 〜파　**言う** 말하다　**あまり** 그다지, 별로

A 대단해. 전보다 훨씬 잘하는데.

B 정말? 그렇게 얘기해 주니 기쁘다.

A すごい。前<small>まえ</small>よりずっと上手<small>じょうず</small>になったじゃん。

B ほんと？ そう言<small>い</small ってもらえると嬉<small>うれ</small>しい。

「〜じゃん」은 문장 끝에서 자신의 의견을 단정적으로 강조할 때 쓰입니다. 우리말로는 '~잖아'라는 뜻인데 주로 학생들이나 젊은층에서 쓰고 반말이기 때문에 손윗사람에게는 쓰지 않습니다. 손윗사람에게는 「〜じゃないですか」나 「〜じゃありませんか」의 형태로 써야 하는데 「ない」가 들어갔지만 부정의 뜻은 없습니다. 또 올려서 말하면 물어보는 말이 되기 때문에 어미를 내려서 발음해야 '~잖아', '~잖아요'라는 뜻이 됩니다.

ずっと 훨씬　上手になる 능숙해지다

💬 좋아하는 스포츠는 뭐야?

好きなスポーツは何？
す なに

💬 스키 탈 줄 알아?

スキー滑れる？
すべ

▶ 「滑れる」는 「滑る」의 가능형입니다.

💬 야구 시합을 보는 걸 진짜 좋아해.

野球の試合を見るのが大好きなんだ。
や きゅう し あい み だい す

💬 몸을 움직이는 걸 좋아해요.

体を動かすのが好きです。
からだ うご す

💬 땀을 흘렸더니 상쾌해.

汗を流したら、すっきりした。
あせ なが

▶ 저절로 땀이 나서 흐르는 것은 「汗をかく」라고 합니다.

スキーを滑る 스키를 타다　**動かす** 움직이게 하다

PART 09

사람 사귀기

✳ 약속
언제 시간이 괜찮아?
어디서 만날까?
기다리게 해서 미안

✳ 연애
어떤 사람이 좋아?
좋아하는 사람 있어?
당신을 좋아해요
남자친구랑 잘 돼 가?
당연하지
이제 헤어져

✳ 기념일
나한테 주는 거야?

A 언제 시간이 괜찮아?

B 토요일 외에는 언제라도 괜찮아.

A いつ都合がいい？

B 土曜日以外はいつでも大丈夫。

「都合」는 원래 '사정, 형편'이라는 뜻인데 약속을 정할 때는 '시간'을 나타내는 개념
으로 쓰입니다. 「都合がいい」는 '시간이 괜찮다', 「都合が悪い」는 '시간이 안 된
다'라는 뜻입니다.
「大丈夫」 대신 「いい」나 「オーケー(OK)」도 쓸 수 있습니다.

大丈夫だ 괜찮다

💬 시간 있으세요?

お時間ありますか。
じ かん

💬 이번 주 금요일에 시간 비어 있나요?

今週の金曜日に時間空いていますか。
こんしゅう きんようび じかん あ

💬 주말에 뭔가 예정이 있나요?

週末に何か予定入っていますか。
しゅうまつ なに よ てい はい

💬 오늘 밤 한가해요?

今晩、お暇ですか？
こん ばん ひま

💬 시간 비워 둬.

時間、空けといて。
じ かん あ

▶ 「～とく」는 「～ておく」의 준말입니다.

空く 비다　入る 들다　暇 (한가한) 짬, 틈　空ける 비우다　～とく ～해 두다

187

A 어디서 만날까?

B 역 근처가 좋은데.

A どこで待ち合わせる？

B 駅の近くがいいけど。

개인적인 만남을 가지는 약속일 경우에는 「待ち合わせる」라는 말을 씁니다. 「待つ(기다리다)」와 「合わせる(합치다)」가 합쳐진 단어로 '(시간과 장소를 정해서) 만나다'라는 뜻입니다. 약속 장소는 「待ち合わせ場所」, 약속 시간은 「待ち合わせ時間」이라고 합니다.

待ち合わせる 시간·장소를 정하고 만나다　**近く** 근처　**〜けど** 〜이지만, 〜인데

💬 어디로 할지 정해.

どこにするか決めて。
き

💬 나는 어디라도 좋아.

私はどこでもいいよ。
わたし

💬 늘 만나는 곳에서.

いつものところで。

💬 데리러 갈게.

迎えに行くね。
むか　　い

💬 맡길게.

任せる。
まか

決める 정하다 　**いつも** 평소, 여느 때 　**迎える** 맞다, 맞이하다 　**任せる** 맡기다

A 기다리게 해서 미안.

B 아니야, 나도 막 왔어.

A 待^またせてごめん。

B ううん、私^{わたし}も来^きたばかり。

「待^またせる」는 「待^まつ」의 사역형으로 '기다리게 하다'라는 뜻입니다. 「ごめん(미안해)」은 친구 사이나 격의 없는 사이에서 사과하는 표현입니다. 「ごめん」 대신 「ごめんなさい」나 「すみません」, 「申^{もう}し訳^{わけ}ございません」과 같은 표현을 쓰면 더 공손한 표현이 됩니다.

「동사의 과거형(た)+ばかり」는 '막 ~하다'라는 뜻으로 그 동작이 끝난 후 시간이 별로 지나지 않았음을 의미합니다.

待つ 기다리다

190

💬 왜 아직 안 와? 지금 어디야?

どうしてまだ来ないの。今、どこ？

💬 기다렸지(기다리게 했어).

お待たせ。

▶ 친구 사이에서 기다리게 한 사람이 하는 말입니다. 손윗사람에게는 「お待たせしました」라고 합니다.

💬 늦는다고 연락 정도는 해.

遅れるって連絡ぐらいはしてよ。

💬 늦지 마.

遅れないで。

💬 바람맞았어.

すっぽかされた。

▶ 「すっぽかされる」는 「すっぽかす」의 수동형입니다.

どうして 왜, 어째서　遅れる 늦다, 지각하다　〜って 〜라고　すっぽかす 바람맞히다

A 어떤 사람이 좋아?

B 성실하고 다정한 사람이 좋은가.

A どんな人が好き?

B まじめで、やさしい人が好きかな。

「どんな人が好きですか」는 이상형을 물을 때 쓰는 표현으로 「人(사람)」 대신 「タイプ(타이프)」를 써서 「どんなタイプが好きですか」라고 물을 수도 있습니다.
일본어로 남자친구(boy friend)의 개념은 「彼氏」이고, 그(he)는 「彼」라고 하지만 여자친구(girl friend)와 그녀(she)는 모두 「彼女」이기 때문에 문맥에 맞추어 파악해야 합니다.

どんな 어떤   まじめだ 성실하다   やさしい 다정하다, 상냥하다

💬 혹시 그 사람에게 관심 있어?

もしかして彼に興味ある？
かれ　　　きょうみ

💬 잘생긴 사람이 좋아.

イケメンがいいな。

▶「いける」는 '상당히 좋다, 매력적이다'라는 뜻이며,
「メン」은 「面(얼굴)」 혹은 men에서 온 말로 「イケメン」은 잘생긴 남자를 말합니다.
めん

💬 키가 큰 사람에게 끌려.

背の高い人に惹かれる。
せ　たか　ひと　ひ

▶ 키가 작다는 「背が低い」입니다.
せ　ひく

💬 그는 내 타입이 아니에요.

彼は私のタイプじゃない。
かれ　わたし

▶「タイプ」대신「好み(취향)」를 써도 되지만 이 경우「スタイル(스타일)」는 쓰지 않습니다.
この

💬 여자한테 인기가 있으면 좋겠어.

女の人にモテたい。
おんな　ひと

▶ 남자는 「男の人」입니다.
おとこ　ひと

興味 흥미, 관심　**イケメン** 용모가 매력적인 남성　**惹かれる** (마음 등이) 끌리다
モテる (이성에게) 인기있다

A   좋아하는 사람 있어?

B   지금은 없어.

A   好きな人、いる？

B   今はいない。

일본어의 존재 동사는 「いる」와 「ある」가 있습니다. 「いる」는 사람이나 동물, 곤충 등 스스로 움직일 수 있는 생물의 존재를, 「ある」는 무생물의 존재를 나타내기 때문에 구분해서 써야 합니다. 또한 「いる」의 부정은 「いない」인데 「ある」의 부정은 「ない」인 점에 주의하세요.

💬 연애하고 싶어.

恋愛したいな。
れんあい

💬 사귀는 사람, 있어요?

付き合っている人、いますか。
つ　あ　　　　　　ひと

💬 여자친구 없는 역사(연애 안 한 지) 2년이에요.

彼女いない歴、２年です。
かのじょ　　　　れき　　に　ねん

💬 마음에 두고 있는 사람은 있어요.

気になる人はいます。
き　　　　　ひと

▶ 「気になる」는 원래는 '신경이 쓰이다'라는 뜻이지만, 이 경우에는 '좋아하는 마음이 있다'는 의미입니다.
き

💬 미팅으로 만났어.

合コンで出会った。
ごう　　　　で　あ

▶ 「合コン」은 「合同コンパ」의 약자로 단체 미팅을 가리키는 속어입니다.
ごう　　　　　　　ごうどう

付き合う 사귀다　～歴 ～력, ～의 경력　気になる 신경 쓰이다　出会う 만나다

A 당신을 좋아해요. 사귀어 주세요.

B 저라도 괜찮으면요.

A あなたのことが好^すきです。付^つき合^あってください。

B 私^{わたし}でよかったら。

「あなたのことが好^すきです」는 고백할 때 쓰는 전형적인 표현입니다. 여기에서 쓰인 「こと」는 성격, 외모, 상황 등 당신과 관련된 모든 것이라는 뜻입니다. 따라서 당신과 관련된 모든 것을 좋아한다는 뜻이 됩니다. 사랑한다는 말은 「大好^{だいす}き(だ)」 혹은 「愛^{あい}してる」라고 합니다.

付き合う 사귀다

💬 고백했는데 차였어.

告白したけど、振られたよ。
こく はく　　　　　　　ふ

▶ 「振られる」는 「振る」의 수동형입니다.
ふ　　　　　　　ふ

💬 실연한 적 있어?

失恋したこと、ある？
しつ れん

💬 데이트 신청 받았어.

デートに誘われた。
さそ

▶ 「デートに誘う」는 '데이트를 권유하다' 즉 '데이트하자고 하다'라는 뜻입니다.
さそ

💬 좋아하는지 아닌지 잘 모르겠어.

好きかどうかよく分からない。
す　　　　　　　　　　わ

💬 나에 대해 어떻게 생각해?

私のこと、どう思ってる？
わたし　　　　　　おも

振る 거절하다, 퇴짜놓다　誘う 권유하다, 유혹하다　～かどうか ～인지 아닌지

A 남자친구랑 잘 돼 가?

B 그게 요즘은 싸우기만 해.

A 彼氏とうまく行ってる？

B それがこのごろは喧嘩ばっかりなの。

「うまく行く(잘 되다)」는 연애나 일, 공부 등 어떤 분야에서도 폭넓게 사용할 수 있습니다. 순조롭게 잘 풀리고 있으면 긍정형으로 그렇지 않을 때는 「うまく行っていない(잘 안 되고 있어)」라고 합니다.

「～ばかり」는 명사 바로 뒤에 쓰여 '～뿐, ～만'이라는 뜻인데 「ばっかり」는 「ばかり」가 강조된 표현입니다.

彼氏 남자친구   このごろ 요즘   喧嘩 싸움

💬 남자친구 바람피우고 있었어.

彼氏、浮気してた。
かれ し　　うわ き

💬 양다리였어.

二股かけられた。
ふた また

▶ 「かけられる」는 「かける」의 수동형입니다.

💬 장거리 연애는 힘들어.

遠距離恋愛はつらい。
えん きょ り れん あい

💬 마음이 식었어.

気持ちが冷めた。
き も　　　　さ

💬 짝사랑은 이제 하고 싶지 않아.

片想いはもうしたくない。
かた おも

浮気する 바람피우다　二股をかける 양다리를 걸치다　遠距離 장거리

つらい 힘들다, 괴롭다　冷める 식다　片想い 짝사랑

A 화났어?

B 당연하지. 왜 문자해도 바로 답장 안 하는 거야?

A 怒ってる？

B 当たり前でしょう。
　何でメールしても、すぐ返事しないのよ。

「〜でしょう」에는 자신의 생각이 옳다는 것을 상대에게 확인하는 뜻이 있습니다.
이럴 때는 말끝을 올려서 발음하는데 주로 여성들이 친한 관계에서 많이 쓰고 남성
들은 「だろう」라고 합니다. 참고로 「〜でしょう」와 「〜だろう」는 말끝을 내려서
발음하면 추측하는 표현이 됩니다.

怒る 화나다　当たり前だ 당연하다　すぐ 즉시, 바로　返事 대답, 답장

💬 적당히 해.

いい加減にして。
かげん

💬 우습게 보지 마.

馬鹿にしないでよ。
ばか

▶ 「馬鹿」는 '바보'라는 뜻입니다.
ばか

💬 심한 말 해서 미안해.

ひどいこと言ってごめんね。
い

💬 진심으로 사과하는 거야?

本気で謝ってるの？
ほんき　　　あやま

💬 화해하자.

仲直りしよう。
なかなお

いい加減 알맞음, 적당함　馬鹿にする 얕보다, 바보 취급하다　ひどい 심하다
本気 진심　謝る 사과하다　仲直りする 화해하다

A もう別^{わか}れてほしい。

B 僕^{ぼく}のことが嫌^{きら}いになった？

희망을 나타내는 「ほしい(갖고 싶다, 원하다)」가 「～てほしい」의 형태로 쓰이면 '상대방이 ～했으면 좋겠다'라는 뜻이 됩니다. 반대로 '～하지 않았으면 좋겠다'라고 할 때는 「～ないでほしい」 또는 「～てほしくない」라고 합니다.

別れる 헤어지다 **嫌いだ** 싫어하다

💬 따로 좋아하는 사람이 생겼어.

他に好きな人ができた。
ほか　す　　ひと

💬 두 번 다시 만나고 싶지 않아.

二度と会いたくないよ。
に　ど　　あ

💬 너한테 질렸어.

お前に飽きちゃった。
まえ　　あ

▶ 「お前」는 남성이 친한 여성에게 쓰는 말로
まえ
여성의 경우는 '너'라고 하지 않고 주로 상대방의 이름을 씁니다.

💬 지금은 아무하고도 사귀고 싶지 않아요.

今は誰とも付き合いたくないです。
いま　だれ　　　つ　あ

💬 앞으로는 친구로 있자(지내자).

これからは友だちでいよう。
とも

できる 생기다　飽きる 질리다, 싫증나다　これから 앞으로

A 이거 생일 선물.

B 나한테 주는 거야?

A これ、誕^{たん}プレ。

B 私^{わたし}にくれるの？

「誕^{たん}プレ」는 「誕生日^{たんじょうび}プレゼント」의 줄임말로 생일 선물이나 크리스마스 선물은 「プレゼント」라고 하지만 결혼이나 입학 선물은 「祝^{いわ}う(축하하다)」라는 동사의 명사형인 「祝^{いわ}い」를 써서 「結婚祝^{けっこんいわ}い(결혼 선물)」, 「入学祝^{にゅうがくいわ}い(입학 선물)」라고 합니다. 또 여행지에서 사서 건네는 선물은 「お土産^{みやげ}」라고 구분해서 사용합니다.

일본어로 '주다'는 누가 누구에게 주느냐에 따라 동사가 달라집니다. 남이 나에게 줄 때는 「くれる」를 쓰고, 내가 남에게 주거나 남이 남에게 줄 때는 「あげる」를 씁니다.

誕プレ 생일 선물

💬 마음뿐인 것이지만, 받아.

つまらないものだけど、どうぞ。

▶ 선물을 건넬 때 쓰는 상투적인 표현입니다.

💬 준에게 잘 어울릴 것 같아서 골랐어.

純君に似合うと思って選んだの。
じゅんくん　　　に あ　　　おも　　　えら

💬 기쁘다. 고마워.

嬉しい。ありがとう。
うれ

💬 마음에 들어해 줘서 다행이야.

気に入ってくれてよかった。
き　　い

💬 소중하게 쓸게.

大事に使うね。
だい じ　　つか

つまらない 시시하다, 하찮다　選ぶ 고르다, 선택하다　嬉しい 기쁘다
気に入る 마음에 들다　大事に 소중하게

PART 10

사회생활

* 학교

수업 들어갈거지?

선생님께 혼나

시험 어땠어?

취직할 생각이야

취업 활동 잘 돼 가?

* 회사

가능한 빨리 부탁할 수 있을까?

실례지만 어디시죠?

일 힘들지?

우리 부장님 꼰대야

회사 그만두게 됐어

A 수업 들어갈거지? 자리 맡아줄래?

B 또 야?

A 授業に出るでしょう。席取っといてもらえる？

B またかよ。

「出る」는 어떤 조사와 어울려 쓰이는지에 따라 두 가지 의미가 있습니다. 회화문처럼 「～に出る」는 '~에 출석하다, ~에 참석하다'라는 뜻이지만, 「～を出る」는 '~(어떤 장소)에서 나가다'라는 뜻입니다. 예를 들어 '회의에 참석하다'는 「会議に出る」, '회의실에서 나가다'는 「会議室を出る」라고 합니다.

授業に出る 수업에 출석하다　席を取る 자리를 잡다　また 또, 다시

💬 왜 수업 땡땡이친거야?

何で授業サボったの？
なん　　　じゅぎょう

▶ 「サボる」는 프랑스어 「サボタージュ(sabotage)」를 동사화한 말입니다.

💬 결석은 안 돼.

欠席は駄目よ。
けっせき　　　だ　め

💬 몇 학점 들어?

何単位取るの？
なんたん　い　と

💬 저 선생님 수업은 재미없어.

あの先生の授業はつまらない。
せんせい　　　じゅぎょう

💬 온라인 수업은 집중이 잘 안 돼.

オンライン授業はなかなか集中できない。
じゅぎょう　　　　　　　　　しゅうちゅう

サボる 땡땡이치다　駄目だ 해서는 안 된다　単位 학점　取る 수강하다
つまらない 재미없다, 시시하다　なかなか (부정을 수반하여) 좀처럼, 쉽사리는

> Ⓐ 큰일났다. 리포트 내는 거 깜박했어.

> Ⓑ 선생님께 혼나.

A まずい。レポート出^だすの忘^{わす}れた。

B 先生^{せんせい}に怒^{おこ}られるよ。

「まずい」는 '맛없다'라는 뜻의 형용사이기도 하지만 여기에서는 '난처하다'라는 뜻의 감탄사처럼 쓰였습니다.
「怒^{おこ}られる」는 「怒^{おこ}る」의 수동형으로 일본어의 수동에는 말하는 사람이 다른 사람의 행동에 의해 피해를 입었다고 생각할 때 사용되는 용법이 있습니다. 그리고 그 피해를 준 사람 뒤에는 조사 「～に」를 씁니다.

レポート 리포트 忘れる 잊어버리다, 깜박하다 怒る 화내다

💬 금요일까지 리포트를 내 주세요.

金曜日までにレポートを出してください。
きんようび　　　　　　　　　　　　　だ

💬 선생님, 질문해도 되나요?

先生、質問してもいいですか。
せんせい　しつもん

💬 여기를 잘 모르겠는데요.

ここがよく分からないんですが。
わ

▶ 「分かる」는 목적격 조사로 「〜が」를 씁니다.
わ

💬 출석을 부르겠습니다.

出席を取ります。
しゅっせき　と

💬 오늘 수업은 이것으로 마치겠습니다.

今日の授業はこれで終わります。
きょう　　じゅぎょう　　　　　　お

出す 내다, 제출하다　**分かる** 이해하다　**出席を取る** 출석을 부르다
終わる 마치다, 끝나다

A 試験、どうだった？

B 頑張ったのに、駄目だった。

시험은「試験」혹은「テスト」라고 합니다. 일본어로 '시험을 보다'는 시험을 실시하는 입장에서는「試験をする」나「試験をやる」라고 하고 시험을 치르는 입장에서는「試験を受ける」라고 구분해서 사용합니다.

「〜のに」는 말하는 사람의 기대와 다른 결과가 나왔을 때 쓰는 표현입니다.

駄目だ 좋지 않다, 못 하다   **〜のに** 〜인데도

💬 벼락치기로 공부했어.

一夜漬けで勉強した。
いち や づ　　　べんきょう

💬 컨닝이 들켰어.

カンニングがばれた。

▶ 「カンニング(cunning)」는 일본식 외래어입니다.

💬 어쩌다 잘 찍었어.

たまたま山が当たった。
やま　　　あ

▶ 「山が当たる」는 시험에 예상한 문제가 나왔다는 의미입니다.
반대로 예상이 어긋났을 때는 「山が外れる」라고 합니다.

💬 공부한 보람이 있었어.

勉強した甲斐があったよ。
べんきょう　　　　か い

💬 시험 잘 봐.

試験、頑張ってね。
し けん　　がん ば

▶ 시험 잘 보라는 말은 '열심히 하다'라는 뜻의 「頑張る」를 씁니다.

カンニング (시험칠 때) 부정 행위　**ばれる** 들키다　**たまたま** 우연히, 때마침
山が当たる 예상이 들어맞다　**甲斐** 보람

094 학교 ❹

A 졸업하면 어떻게 할거야?

B 취직할 생각이야.

A 卒業したらどうするの？
<small>そつぎょう</small>

B 就職するつもり。
<small>しゅうしょく</small>

「～たら(～하면, ~라면)」는 동사의 과거형 「～た」에 접속하며, '어떠한 일이 일어나면'이라고 가정할 때 쓰이지만 과거의 뜻은 없습니다.
「つもり」는 '생각, 작정'이라는 뜻으로 동사의 기본형이나 「ない형」에 접속해서 '~할(~하지 않을) 생각이다'라는 비교적 확실한 계획을 나타내는데, 주어가 제 3자일 때는 쓰지 않습니다.

卒業する 졸업하다　就職する 취직하다

💬 인턴십에 참가하게 됐어.

インターンシップに参加することになった。
さん か

💬 교환 유학을 하고 싶어.

交換留学がしたい。
こう かんりゅうがく

💬 대학원에 진학하려고 해.

大学院に進もうと思ってる。
だい がく いん　　すす　　　　おも

▶ 「つもり」 대신 「〜ようと思う(〜하려고 생각하다)」를 써서 비슷한 의미를 나타낼 수 있습니다.
　　　　　おも

💬 아직 정하지 않았어.

まだ、決めていない。
き

💬 학점이 부족해서 졸업 못 해.

単位が足りなくて、卒業できないんだ。
たん い　　た　　　　　　そつぎょう

進む 진학하다　決める 정하다　足りない 부족하다

A 취업 활동 잘 돼 가?

B 그저 그래.

A 就活、進んでる？

B まあまあかな。

「就活」는 「就職活動(취직 활동)」의 줄임말로 우리말로는 취업 활동을 말합니다.
명사에 「〜活」를 붙인 표현은 「結婚活動(결혼 활동)」을 줄인 「婚活」를 비롯해 「恋活(연애 대상을 찾는 활동)」나 「終活(인생의 마지막 순간을 위한 활동)」 등 다양합니다.
「まあまあ」는 좋지도 나쁘지도 않은 상황에서 언제나 사용할 수 있습니다.

進む 진전되다, 진척되다 **まあまあ** 그저 그런 정도

💬 취직자리를 찾고 있어요.

就職先を探しています。
しゅうしょくさき さが

▶ 「行き先(행선지)」, 「取引先(거래처)」와 같이 명사 뒤에 「～先」가 붙으면 어떤 장소를 가리킵니다.
ゆ さき　とりひきさき　さき

💬 내일 면접 가요.

明日、面接に行きます。
あした　めんせつ　い

💬 쭉 들어가고 싶었던 회사로부터 내정을 받았어.

ずっと入りたかった会社から内定を
はい　かいしゃ　ないてい
もらったの。

▶ 「内定をもらう」는 입사 시험에 합격했다는 의미입니다.
ないてい

💬 간신히 취직자리가 정해졌어요.

やっと就職先が決まりました。
しゅうしょくさき　き

💬 스펙을 쌓아서 재취업 하고 싶어.

スペックを高めて再就職したい。
たか　さいしゅうしょく

探す 찾다　内定 내정　やっと 겨우, 간신히　決まる 정해지다　高める 높이다

217

> **A** 이거 가능한 빨리 부탁할 수 있을까?

> **B** 네, 어떻게든 해 볼게요.

A これ、なるはやでお<ruby>願<rt>ねが</rt></ruby>いできるかな？

B はい、<ruby>何<rt>なん</rt></ruby>とかやってみます。

「なるはや」는「なるべく(가능한)」와「<ruby>早<rt>はや</rt></ruby>い(빠르다, 이르다)」가 합쳐진 조어로 '가능한 빨리'라는 뜻입니다. 상대방에게 부탁을 받았을 때 만약 들어주기 힘들다면 「それはちょっと(그건 좀)」라는 표현을 써서 완곡하게 거절할 수 있습니다.

何とか 어떻게든　**〜てみる** 〜해 보다

💬 이 서류를 5장씩 복사해 주세요.

この書類を5枚ずつコピーしてください。
しょるい　ごまい

💬 오전 중으로 보고서를 작성해 주세요.

午前中に報告書を作成してください。
ごぜんちゅう　ほうこくしょ　さくせい

💬 커피 끓일까요?

コーヒー入れましょうか。
い

▶ '차나 커피를 준비하다, 끓이다'라는 뜻으로 「入れる」를 씁니다.
い

💬 눈치가 빠르고 성실해요.

気が利いて、まじめです。
き　き

💬 일을 잘하네요.

仕事ができますね。
しごと

~ずつ ~씩　気が利く 눈치가 빠르다　まじめだ 성실하다

219

여보세요, 야마다 과장님, 부탁합니다.

실례지만 어디시죠?

A もしもし、山田課長、お願いします。

B 失礼ですが、どちら様でしょうか。

「どちら」는 '어느 쪽'이라는 뜻이지만 「さま(님)」를 붙이면 '누구'라는 뜻이 됩니다. 소개할 때 흔히 쓰는 「こちらこそ(저야말로)」의 「こちら」가 말하는 자기 자신을 가리키듯이 방향을 나타내는 말이 사람을 가리키기도 합니다. 상대의 신원을 물어 볼 때 「誰ですか」라고 직접적인 표현을 쓰기보다 「どちらさまですか」라고 물으면 더욱 공손한 느낌을 줄 수 있습니다.

もしもし 여보세요　～様 ～님〈さん의 존경어〉　～でしょうか〈～ですか의 공손한 표현〉

💬 네, 도쿄물산입니다.

はい、東京物産でございます。
とうきょうぶっさん

💬 늘 신세를 지고 있습니다.

いつもお世話になっております。
せ わ

▶ 거래처 사람과 통화하거나 만났을 때 상투적으로 쓰는 인사말입니다.

💬 공교롭게 자리를 비웠는데요.

あいにく席を外していますが。
せき はず

💬 전화 바꿨습니다.

お電話変わりました。
でん わ か

💬 나중에 (전화를) 다시 걸겠습니다.

後でかけ直します。
あと なお

▶ 「동사 ます형+直す」는 '다시 ~하다'라는 뜻입니다.
なお

お世話になる 신세를 지다   おる 있다   あいにく 공교롭게
席を外す 자리를 비우다   かけ直す 다시 걸다

A 일 힘들지?

B 괜찮아요. 좋아서 하고 있으니까요.

A 仕事、大変だね。

B 大丈夫です。好きでやってますから。

「大変だね」 혹은 공손한 표현인 「大変ですね」는 우리말로는 '힘들지(요)?' 정도의 뜻으로 상대방의 곤란한 상황을 이해하고 공감해 주는 표현입니다. 「大変」은 단독으로 감탄사처럼 쓰여서 '큰일났다'라는 뜻을 나타내기도 하고 「大変お世話になりました(대단히 신세를 많이 졌습니다)」와 같이 '대단히, 매우'라는 뜻의 부사로 쓰이기도 합니다.

大変だ 힘들다, 큰일이다　**～から** ～라서, ～니까

💬 오늘도 야근이에요?

今日も残業ですか。
きょう　　　ざんぎょう

💬 오늘은 이걸로 끝내야지.

今日はこれで終わりにしよう。
きょう　　　　　　　お

💬 가는 길에 한 잔 어때?

帰りにいっぱいどう？
かえ

💬 (손아랫사람에게) 수고 많았어요.

ご苦労様でした。
く ろうさま

💬 (손윗사람에게) 수고하셨습니다.

お疲れ様でした。
つか　　さま

残業 야근　**帰り** 돌아가는 길

A 우리 부장님 꼰대야.

B 우리도. 뭐든지 '내가 젊었을 때는'으로 시작돼.

A うちの部長って老害おじさんなんだ。

B うちも。何が何でも「俺の若い頃は」で始まるの。

> 「老害」는 고집 세고 자기 주장만이 옳다고 여기는 나이든 사람을 비하하는 말입니다. 「老害おじさん(꼰대 아저씨)」뿐 아니라 「老害おばさん(꼰대 아줌마)」, 「老害じじい(꼰대 할아버지)」, 「老害父親(꼰대 아버지)」와 같이 씁니다.

うち 우리 何が何でも 뭐든지 俺 나〈남성어〉 若い 젊다 頃 때, 시절 始まる 시작되다

💬 회식 가기 싫다.

飲み会に行きたくないな。
<small>の かい い</small>

💬 갑질에 못 견디겠어.

パワハラに耐えられないよ。
<small>た</small>

▶ 「パワーハラスメント(power harassment)」를 줄여서 「パワハラ」라고 합니다.

💬 상사가 싫어서 스트레스가 쌓여.

上司が嫌いでストレスがたまる。
<small>じょう し　　　きら</small>

💬 영업부의 미카미 씨, 연줄로 들어왔대.

営業部の三上さん、コネ入社なんだって。
<small>えいぎょう ぶ　　み かみ　　　　　　　　　にゅうしゃ</small>

▶ 「コネ」는 영어 connection의 준말로 사용합니다.

💬 과장님은 아부를 잘해.

課長はお世辞が上手だね。
<small>か ちょう　　　せ じ　　じょう ず</small>

パワハラ 직장 상사의 괴롭힘　**耐える** 견디다　**たまる** 쌓이다　**お世辞** 아첨, 아부

A 실은 회사 그만두게 됐어.

B 응, 들었어. 모두 서운해하고 있어.

A 実_{じつ}は、会社_{かいしゃ}、辞_やめることになったんだ。

B うん、聞_きいた。みんな残念_{ざんねん}がってるよ。

「동사의 기본형＋ことになる(~하게 되다)」는 '외부의 상황에 의해 결정'되었다라
는 의미이고, 「동사의 기본형＋ことにする(~하기로 하다)」는 '본인의 의지로 그렇
게 결정하다'라는 의미입니다. 하지만 일본인은 완곡한 표현을 선호하기 때문에 본
인의 의지로 결정했어도 「~ことになる」를 쓰는 경우가 많습니다.
형용사의 어간에 「~がる」를 접속하면 '~(해)하다, ~하게 여기다'라는 동사적인
표현이 됩니다.

実は 사실은 **辞める** 그만두다 **残念だ** 유감스럽다, 아쉽다

💬 급료가 적어서 이직하고 싶어.

給料が安くて転職したい。
きゅうりょう　やす　　てんしょく

▶ '급료가 많다'는 「給料が高い」라고 합니다.
きゅうりょう　たか

💬 이 일 나에게 맞지 않는 거 아닐까?

この仕事、私に向いてないんじゃないかな。
し　ごと　わたし　　む

💬 사표를 냈어.

辞表を出した。
じ ひょう　　だ

💬 회사, 잘렸어.

会社、首になった。
かい しゃ　　くび

▶ 「首にする」는 '해고하다'라는 뜻입니다.
くび

💬 퇴직금으로 회사를 세우려고 해요.

退職金で会社を起こそうと思っています。
たいしょくきん　　かいしゃ　お　　　　　おも

転職 이직　向く 적합하다, 맞다　首になる 해고되다　起こす 시작하다, 벌이다

Memo

생생 체험 현지 생활 일본어

지은이 김해정
펴낸이 정규도
펴낸곳 (주)다락원

초판 1쇄 인쇄 2020년 12월 22일
초판 1쇄 발행 2020년 12월 31일

책임편집 임혜련, 송화록
디자인 장미연, 이승현
삽화 김지애

다락원 경기도 파주시 문발로 211
내용문의: (02)736-2031 내선 460~465
구입문의: (02)736-2031 내선 250~252
Fax: (02)732-2037
출판등록 1977년 9월 16일 제406-2008-000007호

Copyright © 2020, 김해정

저자 및 출판사의 허락 없이 이 책의 일부 또는 전부를 무단 복제·전재·발췌할 수 없습니다. 구입 후 철회는 회사 내규에 부합하는 경우에 가능하므로 구입 문의처에 문의하시기 바랍니다. 분실·파손 등에 따른 소비자 피해에 대해서는 공정거래위원회에서 고시한 소비자 분쟁 해결 기준에 따라 보상 가능합니다. 잘못된 책은 바꿔 드립니다.

값 14,000원

ISBN 978-89-277-1249-7 14730
        978-89-277-1248-0 (set)

http://www.darakwon.co.kr

- 다락원 홈페이지를 방문하시면 상세한 출판 정보와 함께 동영상강좌, MP3 자료 등 다양한 어학 정보를 얻으실 수 있습니다.
- 다락원 홈페이지에서 「생생 체험 현지 생활 일본어」를 검색하거나 표지의 QR코드를 스캔하면 음성 해설 강의와 MP3 파일을 듣거나 다운로드할 수 있습니다.